城乡规划新空间新思维丛书

城市多中心发展的驱动力

基于上海生产性服务业快速细化的研究

周 静 著

东南大学出版社
SOUTHEAST UNIVERSITY PRESS
南京·2016

内容提要

20世纪70年代以来，多中心已经成为后工业化伴随生产性服务业发展的特大城市以及城市区域的普遍现象。首先，本书从分工视角出发，结合四大类生产性服务行业的具体分析，深入解释不同类型生产性服务业的分工细化以及这种分工在空间上集聚的基本特征。其次，通过不同行业的空间叠合进一步讨论了多中心的内部结构和功能特征。最后，理论结合上海实践，补充了特定制度和环境下分工程度对于城市多中心影响的相关认知。

本书适合城乡规划、城市经济地理等领域的研究人员和师生阅读和参考，也可供从事城市总体规划、战略规划工作的规划设计人员使用与参考。

图书在版编目(CIP)数据

城市多中心发展的驱动力：基于上海生产性服务业快速细化的研究／周静著.—南京：东南大学出版社，2016.9

(城乡规划新空间新思维丛书)

ISBN 978-7-5641-6662-5

Ⅰ.①城…　Ⅱ.①周…　Ⅲ.①服务业—产业发展—研究—上海市　Ⅳ.①F719

中国版本图书馆CIP数据核字(2016)第186560号

书　　名：城市多中心发展的驱动力：基于上海生产性服务业快速细化的研究

著　　者：周　静

责任编辑：孙惠玉　　　　邮箱：894456253@qq.com

出版发行：东南大学出版社　　　　社址：南京市四牌楼2号(210096)

网　　址：http://www.seupress.com

出 版 人：江建中

印　　刷：虎彩印艺股份有限公司　　　　排版：南京新洲制版有限公司

开　　本：787mm×1092mm　1/16　　印张：9.25　　字数：231千

版 印 次：2016年9月第1版　2016年9月第1次印刷

书　　号：ISBN 978-7-5641-6662-5　　定价：39.00元

经　　销：全国各地新华书店　　发行热线：025-83790519　83791830

前言

多中心已经成为后工业化伴随生产性服务业发展的特大城市及城市区域的普遍现象。区别于克里斯塔勒时代的消费性中心体系，当前多中心是城市空间中最密集地提供生产性服务的地方，在职能和区位上都发生了根本性的改变（Hall et al, 2006）。尽管学界已经认识到多中心与生产性服务业的发展密不可分，并出现了大量新的研究和方法来测度生产性服务活动及其产生的"流"的联系，但是既有研究总体上偏重于实证，表现出对多中心空间规律性解释不足。

西方研究以及国内部分研究表明从"分工"这一视角认知城市空间组织规律有着重要意义，主要体现在以下三个方面：① 重视分工与空间的辩证关系。随着分工在深度和广度上发生前所未有的拓展，当前分工与空间的关系已经密不可分，空间在受到分工深刻影响的同时也反作用于经济活动分工（Sayer, 1982；Urry, 1985；Soja, 1985）。② 从分工规律认知城市空间组织规律。"分工使得生产在空间中的组织是系统的，而不是随意的，该系统的潜在动力是对利润的竞争性追逐"，即劳动空间分工的过程是按照生产效率不断优化的原则来推动城市空间重组的过程（Massey, 1984；Storper et al, 1984；Scott, 1988；宁越敏等，2011）。③ 从分工引发的经济活动联系认知空间之间的联系。分工引发了广泛的协作与交换，分工的增强将强化空间接触的系统结合和组织化的需要（Massey, 1984），使得不同空间之间的联系日趋密切与具有互补（Camagni et al, 2004；Burger et al, 2012）。

实际上早在20世纪80年代，马西（Massey D）、斯科特（Scott A J）等人已经从分工视角对灵活生产方式所带来的新的中心化现象做出阐述，但由于当时对生产性服务业的认知有限，正如马西在《劳动的空间分工：社会结构与生产地理学》一书中指出新兴的生产性服务业在行业分类、特点概括以及差异辨别上十分困难，并认为不断变化的经济结构使得这些困难更加明显，因而对后工业化时期特大城市及城市区域出现的这一最重要多中心现象的解释仍停留在相对抽象和模糊的状态。随着时代的发展，学界对生产性服务业本身的认知也在不断深化，有效地推动了当前多中心现象的研究。在此背景下，本书从生产性服务业分工视角出发，对多中心若干典型特征进行了深入分析和思考，研究目的并非推导多中心发展的一般模式或具体的职能、区位（每个城市或地区都有自身的演化路径，生产性服务业的发展更是千差万别），而是强调服务分工趋势下，趋同的是一系列特定生产性服务功能的引入和发展对城市或地区的影响，它们"由运营在诸多处于不同的，但又相互依赖的空间尺度的经济活动组成并体现出来"，形成了复杂的、多重层次结构的"持续流动中的不均匀的马赛克"（Dicken, 2003）。

本书首先以生产性服务业不断分工细化为切入点，将经济学中的服务分工相关理论和研究应用于城市空间分析中，研究生产性服务业的分工特征、趋势及其对城市中心的影响；其次通过对金融、商务、信息技术和物流四类生产性服务业门类的分析，更深入地解释不同类型生产性服务业如何分工细化以及这种分工在空间上集聚的基本特征；最终通过不同类型产业的空间叠合进一步讨论了多中心内部结构和功能特征，并将理论结合上海实践，补充了在特定制度和环境下分工程度对城市多中心影响的相关认知。

本书得出了以下三个核心观点：

一是生产性服务业分工细化是推动多中心的最关键动力之一。生产性服务业本身正不断细化和专业化，围绕新的市场需求和提升生产效率等目标分化出不同类型的服务门类和企业。这些新的服务门类在产品上高度差异化，同时相互之间又紧密协作，依据自身空间偏好在城市中重新集聚和重组。首先，在服务分工过程中，生产性服务业所呈现出的价值区段特征（管理决策、生产创新、标准服务、技术支持）深刻地影响了中心的职能特征。其次，在服务分工过程中，企业集聚的空间偏好进一步差异化，促进与知识溢出的新的中心区位的产生。再次，在服务分工过程中，产生了新型服务企业的组织方式，这构成了中心间关联的微观基础。此外，企业跨地域组织使得多中心网络中的个别中心掌握了更大范围的资源配置能力。

二是不同生产性服务业按照自身分工特征和空间偏好形成了各自多中心网络，网络之间在空间上相互叠合，通过企业层面微观经济联系相互关联，是多中心的本质内涵。首先，不同行业中同一价值区段企业由于空间偏好相似而具有一定的集聚特征。其次，行业的微观企业组织方式影响中心的能级。在生产性服务业各自的多中心网络中，中心（节点）通过多样化的联系（如管理层级、战略协作、业务从属与外包等）共同实现服务产品的供给。再次，不同行业间新的微观经济联系如产业关联、联合工作以及风险融资，进一步丰富了中心的内涵和职能。

三是多中心现象受到所在城市制度环境、行业分工程度、历史延续的空间框架等影响。首先，受制于计划经济的历史原因，上海当前多中心呈现出一种演化过程中的状态。其次，部分行业本身的分工和发展程度影响了该行业的中心网络，如物流出现了准管理决策功能中心。

本书的写作首先要感谢同济大学建筑与城市规划学院这个高端学术平台和我的导师宋小冬教授，师恩难酬，唯不断求索方不负恩师情。感谢本书写作过程中所有支持和帮助过我的师长、同学和朋友。感谢苏州科技大学建筑与城市规划学院的领导对本书出版的支持。感谢家人的支持，特别是母亲的辛劳与无私的付出。由于我理解能力与水平的限制、资料掌握的疏漏，其中难免的谬误还请读者不吝赐教。最后，对给予本书出版大力支持的东南大学出版社领导和编辑同志表示衷心的谢意。

周静

2016 年于上海

目录

前言

1　绪论　/ 1
1.1　多中心现象　/ 2
1.2　既有研究综述　/ 3
1.2.1　城市中心研究　/ 3
1.2.2　服务业集聚及服务分工研究　/ 9
1.2.3　分工视角的城市空间研究　/ 12
1.3　研究概念界定　/ 12
1.3.1　城市中心　/ 12
1.3.2　生产性服务业　/ 13
1.3.3　服务分工　/ 13
1.4　研究思路　/ 14

2　生产性服务业分工视角的多中心解析　/ 16
2.1　服务分工的演进历程　/ 17
2.2　服务分工的基本认知　/ 18
2.2.1　服务分工趋势　/ 18
2.2.2　服务分工的条件　/ 19
2.2.3　服务分工的限度　/ 23
2.3　服务分工视角对多中心的解释　/ 24
2.3.1　生产性服务业多中心的基本特征　/ 24
2.3.2　服务分工视角下的中心职能　/ 26
2.3.3　服务分工视角下的中心区位　/ 30
2.3.4　服务分工视角下的中心间关联　/ 33

3　基于不同生产性服务业的多中心分析　/ 35
3.1　基于金融服务分工的分析　/ 36
3.1.1　金融的服务分工历程　/ 36
3.1.2　功能分化与企业类型变化　/ 37
3.1.3　区位成本因素　/ 39

3.1.4 对中心的影响 / 40
3.2 基于商务服务分工的分析 / 42
3.2.1 商务的服务分工历程 / 42
3.2.2 功能分化与企业类型变化 / 44
3.2.3 区位成本因素 / 45
3.2.4 对中心的影响 / 45
3.3 基于信息技术服务分工的分析 / 46
3.3.1 信息技术的服务分工历程 / 46
3.3.2 功能分化与企业类型变化 / 47
3.3.3 区位成本因素 / 48
3.3.4 对中心的影响 / 48
3.4 基于物流服务分工的分析 / 49
3.4.1 物流的服务分工历程 / 49
3.4.2 功能分化与企业类型变化 / 49
3.4.3 区位成本因素 / 51
3.4.4 对中心的影响 / 51
3.5 不同行业分工的比较分析 / 52
3.5.1 行业分工程度 / 52
3.5.2 行业的空间集聚特征 / 53
3.5.3 行业的企业组织方式对中心能级的影响 / 53
3.5.4 行业间微观经济关联对中心功能的影响 / 54

4 基于生产性服务业分工的上海多中心验证 / 57
4.1 开埠至今上海概况及城市中心发展 / 58
4.1.1 历史概况 / 58
4.1.2 日益显现的服务性中心 / 62
4.2 上海服务分工的历程及趋势特征 / 62
4.2.1 服务发展历程及概况 / 62
4.2.2 生产性服务业发展总体特征 / 64
4.3 上海服务分工的动力机制与限度 / 65
4.3.1 高级生产要素快速集聚 / 65
4.3.2 技术创新与应用 / 66
4.3.3 现代企业制度的建立与多元化企业组织 / 67
4.3.4 服务分工的限度 / 68
4.4 基于生产性服务业分工的多中心验证 / 69
4.4.1 基于金融服务分工的多中心 / 71

4.4.2 基于商务服务分工的多中心 / 79
4.4.3 基于信息技术服务分工的多中心 / 84
4.4.4 基于物流服务分工的多中心 / 87
4.4.5 基于跨地域服务分工的中心 / 91
4.4.6 多行业空间叠加 / 95

5 城市多中心的规划思考与启示 / 98
5.1 现实图景:多中心的战略意义 / 99
5.2 当前国内城市中心规划实践 / 99
5.2.1 城市中心体系规划 / 99
5.2.2 服务业布局专项规划 / 103
5.3 国内规划实践中的问题 / 105
5.4 生产性服务业分工视角的启示及建议 / 107
5.4.1 规划启示 / 107
5.4.2 政策建议 / 108

附录
附录 1 根据《国民经济行业分类》四级代码确定的生产性服务业 / 114
附录 2 根据 $n_{X\%}$ 指数计算的生产性服务业空间集聚与分散指数 / 118
附录 3 分工演进历程中的城市中心特征总结 / 120

主要参考文献 / 123
图片来源 / 135
表格来源 / 137

1　绪论

非常众多的生产性服务的出现，既与技术分工的发展密切相关，也与整个社会内部分工的发展密切相关……正在发生的不只是某个行业的内部地理上的转变，而且是一种新的空间利用方法的形成。

——(英)多琳·马西《劳动的空间分工:社会结构与生产地理学》

当前正在显现的是一种新的生产和消费方式，最终是一种新的生活方式，已经存在两个世纪的工业社会正在消失。生产方式的变化使得生产变得更加服务密集化(Service Intensive)，已经从根本上改变了城市经济和社会结构。

——(法)让-克洛德·德劳内、让·盖雷《服务业经济思想史:三个世纪的争论》

1.1 多中心现象

多中心已经成为后工业化伴随生产性服务业发展的大城市普遍现象，并作为一种规划策略被广泛地应用于大城市及更大范围的区域规划中。20 世纪 60 年代以来，伦敦、纽约、东京等国际大都市在传统的中央商务区(CBD)外围，形成了新的以公司总部、媒体、广告、设计等各种新型服务业集聚的次级中心，在更远的郊区、机场、高速公路附近形成了再次一级的中心或者专业性服务中心(Hall et al,2006)。随后，多中心很快被认为有助于提升城市在全球化中的竞争能力和在整个区域中的经济活力。1999 年的"欧洲空间发展视野"(European Spatial Development)和其他的欧盟法令都把欧洲整体的发展战略定调为培育和推动多中心都市区，积极通过"多中心战略规划"谋求合作，以提升整体竞争力。国内北京、上海、广州等特大城市在宏观层面规划中，将多中心战略作为支撑其后续发展的重大战略，如上海一直以来秉承"多心开敞"的空间格局，在 2001 年的总体规划中就提出"一主四副，两个专业中心"的公共中心体系，而在即将开展的新一轮总体规划中，虹桥商务区、世博地区等将可能成为中心体系规划中新的服务性城市中心。

诸多学者和专家的研究表明，多中心的出现与生产性服务业的发展密不可分。霍尔(Hall,1999;Hall et al,2006)[①]、萨森(Sassen,2001)[②]等人先后指出由于生产性服务集聚所引发的新的城市中心类型和中心体系正在发达大都市地区出现。也正因为如此，区别于克里斯塔勒提出的传统消费性服务中心体系，当前多中心在职能、区位和体系上已经发生了根本性改变。在经济职能上，中心成为城市空间中最密集地提供服务(尤其是生产性服务)的地方;在空间区位上，城市中心传统的几何区位被颠覆，如在郊区、城市边缘，甚至某些情况下，最不可能的地方变成了中心(Castells, 2000);在中心体系上，中心之间除了等级和从属关系，要素流动与互补关系日趋重要。

同时，生产性服务业的不断分工细化是更深入地认知生产性服务业和多中心之间关系最重要的切入点之一。生产性服务业并非一个静态的概念，在现实中生产性服务业本身正不断细化和专业化，围绕新的市场需求和提升生产效率等目标分化出不同类型的服务门类和企业。这些新的服务门类在产品上高度差异化，同时相互之间又有紧密协作，依据自身的空间偏好在城市中重新集聚和重组。从某种意义上来看，这种分工细化是推动多中心最关键的动力之一。然而已有研究更多地将生产性服务业作为一个整体，所以难以有效辨识不同门类之间的差异和特征，也难以触及更微观层面企业联系的影响，这也就成为本书研究的最重要突破口。

本书试图从生产性服务业的分工角度出发，结合不同类型的生产性服务业展开分析，更深入地解释不同类型生产性服务业如何分工细化以及这种分工在空间集聚中的基本特征，最终通过不同类型行业的空间叠合进一步讨论多中心的内部结构和功能特征。

1.2 既有研究综述

既有相关研究主要包括以下三个维度：

(1) 城市中心研究。对城市中心进行系统性的研究始于20世纪早期，主要集中在三个方面：① 对城市中心物质空间形态的描述与概括。如三大城市空间结构古典模型，以及后续不断修正、补充出现的多种城市空间结构模式，从空间结构(形态)的角度揭示城市中心的功能、区位以及与城市其他组成部分之间的关系。② 从社会历史角度探究城市中心独特的发展过程。这类研究通过大量翔实的历史资料，尽可能真实地记录与剖析城市中心发展过程中的各种事件及其影响。③ 从经济地理的角度关注城市中心经济功能和空间。早期聚焦于中心消费性功能，如克里斯塔勒(1933年)、贝里(1963年)等人的研究。20世纪六七十年代随着服务经济崛起，新的中心化现象成为研究热点，其中最重要的研究是近年来彼得·霍尔等(2010)的《多中心大都市：来自欧洲巨型城市区域的经验》等。

(2) 服务业集聚及服务分工研究。集聚研究主要对生产性服务业的空间分布状态进行描述，并从企业微观角度来分析服务业分布的区位因素，揭示了不同行业和部门存在着明显的区位差异；分工研究应用经济学原理来分析服务分工中所出现的各种经济活动现象，从现有研究来看，生产性服务业分工有两个重要维度——服务产品细分和服务价值链细分。

(3) 分工视角的城市空间研究。马西(Massey，1984)和斯科特(Scott，1988；1998)等人从分工视角分析城市空间组织规律先驱性的研究，揭示了分工的不断细化按照生产效率最优原则推动城市空间不断重组这一重要规律，有效地将经济活动发展与城市空间变化两者结合在一起，为城市空间基础理论研究找到了一个合适的切入点。

既有研究对本书的启示有以下几点：

(1) 生产性服务业的集聚与多中心存在某种关联，但目前这种关联的研究和解释还处于现象描述阶段，缺乏更深入的内涵和机制探讨。

(2) 已有的生产性服务业空间集聚研究表明，每一个生产性服务业行业都有自身的空间集聚特征，这种差异化来源于服务产品和生产过程差异，这也决定了不能简单将生产性服务业作为一个整体来研究。

(3) 服务分工将服务业视为一个根据产品需求差异和生产过程效率提升要求，不断细化专业化、相互协作的过程。这一过程有利于更进一步地解释多中心与生产性服务业行业之间的这种关联。

(4) 部分研究中关于中心测度的方法在本书的研究中可以借鉴，包括泰勒(Taylor，2004)的网络关联法；希尔默和艾尔沃尼格(Shearmur et al，2002)在定量分析巴黎大区的生产性服务业集聚和分散程度中所使用的 $n_{X\%}$ 指标法等。

1.2.1 城市中心研究

1) 空间形态角度

早期的城市空间结构研究，主要从空间形态的角度来揭示城市中心的功能、区位特征以及与城市其他组成部分之间的关系。如三大城市空间结构古典模型：① 伯吉斯(1923年)在芝加哥城市空间结构研究中，指出城市中心位于城市同心圆结构中最核心的一个圆，集中了办公大楼、财政机构、百货公司、专业商店等各类社会经济市政设施；② 霍伊特(1939年)的扇形方式从地价的角度，揭示了城市空间的土地使用规律以及城市中心由于具有最佳的空间区位和交通可达性，而具有最高的地价；③ 哈里斯和乌尔曼(1945年)所提出的多核心结构指出城市并非为单一中心而是由多个中心组成。

在三大传统模型的基础上，通过不断修正和补充又出现了多种新的城市空间结构方式，但由于这类研究主要是根据某些空间要素或属性抽象而成的空间结构，仍停留在就空间论空间的基础上(韦亚平，2005)，对城市中心的经济活动变化的解释并没有太大的进展。如1947年狄金森(R. E. Dikinson)的"三地带理论"(Three Zones Theory)，1963年塔弗(Taaffe)、加纳(Garner)和蒂托(Teatos)的城市地域结构的理想方式，1975年洛斯乌姆(L. H. Russwurm)的区域城市，1981年穆勒(Muller)对多核心结构进行拓展并提出一种新的大都市结构方式，以及1991年麦吉东在研究南亚国家大都市区的构成基础上提出"城乡一体化区域"，等等。

20世纪90年代，随着西方大城市普遍从单中心结构发展到多中心结构，研究热点也逐渐转向多中心空间结构。达武迪(Davoudi，2003)在《欧洲空间规划中的多中心：从一种分析工具到一种规范性议程》中回顾并总结了西方大城市从单中心发展到多中心结构经历的三个时期：① 单中心城市时期。至少在二战后的20年，单中心城市模型一直主导着城市结构。单中心方式并不会简单消亡，很多年规划者试图将单中心调整为多中心的努力都是徒劳的。② 分散化时期(20世纪70年代—80年代后期)。到了20世纪70年代，西方国家城市出现了明显的分散化趋势，一系列因素促使单中心方式不再是城市增长的主导方式。这些因素包括经济活动的快速分散化、新的交通方式、活动的碎片化、家庭结构和生活方式的改变、跨境出勤的出现。③ 重新中心化时期。自20世纪80年代后期开始，分散化终止，一种新的现象——"就业次中心"和"多中心城市"在西欧和北美出现，这表明城市空间结构已经进入了一个新的发展阶段。城市次中心不仅导致次中心当地人口密度和房地产价格的增长，还可能为集聚经济提供比城市中心商务区更低的土地价格和交易成本。这一重新中心化的过程并不是完全回到从前，而是在方式上发生了相当大的变化。

国内关注城市中心功能及空间形态的研究主要有以下方面：李沛(1999)、叶明(1999)、陈瑛(2005)等人从城市经济活动集聚与分散的角度，解释CBD的出现及其功能结构；耿慧志(1998)关注中国城市中心空间形态的特征及城市中心更新改造的政策措施；梁江、孙晖(2007)将中国近代的城市中心区演进归纳为四个阶段，并系统总结了城市中心区的构成要素、形态特征及演变动因。近年来国内对多中心城市空间结构的研究逐渐增多，主要集中在对西方研究成果的引入介绍、对多中心空间发展的理论和战略探讨，以及针对北京、上海、广州等大城市的多中心结构检验、多中心结构绩效评价、就业次中心识别等实证分析。张庭伟、王兰(2011)指出可以从城市经济转型和城市空间重组两方面来理解城市中心从CBD到中央活动区(CAZ)的转变；杨俊宴等(2012)认为在经济全球化和快速城市化的背景下，服务业发生分离和重新集聚，出现职能分工和空间错位发展的趋向，导致形成新的中心体系。不同城市可能存在"一主多副""两主多副""多主中心"等不同的多中心空间结构；孙铁山等(2013)通过构建二值离散选择模型，在北京多中心空间结构的实证中，指出影响北京就业次中心的四个重要因素分别是区域已形成的集聚规模、区位条件、交通可达性以及服务业增长；孙斌栋等(2013)从交通绩效(降低通勤时耗和提高通勤速度两个方面)角度，其采用问卷调查数据及统计方法对上海中心城区多中心空间结构进行实证检验，研究结果认为上海多中心结构有助于提高宏观层面整体的交通绩效；王颖等(2012)认为人口迁移是实现城市多中心结构的关键，并从市场经济体制下的个人意愿、次中心(新城)的功能定位与产业选择、次中心与中心城的交通联系、次中心的公共设施配套几个方面提出多中心战略的政策建议。

2) 社会历史角度

芒福德(Mumford, 1961)在其著作《城市发展史》里深刻剖析了城市发展(进程)的各种重要因素，在其动态的、社会学的城市观下及宏大的历史背景分析下，解释了城市形成以来，尤其是西方中世纪及工业革命时期城市中心的各种经济活动和现象。

哈维(Harvey, 2003)在《巴黎城记》中应用历史唯物批判方法，在其资本循环的逻辑下，全面深刻地讨论了社会空间关系的复杂性和多样性，解析了工业革命前后巴黎城市及其市中心发生的现代化进程。

苏贾(Soja, 1989; 2000)在《后现代地理学——重申批判社会理论中的空间》《后大都市：城市和区域的批判性研究》里观察到西方20世纪六七十年代以来后福特生产方式变化所引发的城市空间重构现象，以全景扫描的方式重绘了洛杉矶重新中心化的现象。

历史学家福格尔森(Fogelson, 2001)在《下城：1880—1950年的变化》里用历史记录的方式，再现了1880—1950年美国下城(Downtown)发生的重大历史事件及当时的相关争论。如地铁等快速交通系统的建立、摩天楼高度的争论、高速公路和停车禁令的引入等等。

国内关注城市中心社会历史的研究有：张晓春(2004)认为城市中心的社会文化内涵受不同文化和政治意识形态的影响，在时间的向度上不断流变、不断更替，在空间维度上同时存在不同次中心之间的抗衡与争夺。

3) 经济地理角度

1933年，克里斯塔勒建立在“中心商品(即商业和服务供给)的门槛范围”基础上，指出中心是集中提供商品和服务的地方。中心的中心性即重要性剩余，等于其相对于隶属于其区域的相对重要性。中心性很少指空间上的中心区位，而是指意义更为抽象的中心作用，一地方只有实际发挥中心作用时，才具有中心的资格。同时期廖什(1939年)从更广泛的角度出发，提出中心不仅是单纯提供服务职能的服务中心，也是人们日常需要的各种物品的生产中心。他把生产区位和市场区位结合起来，推导出每种商品的生产中心和它联系腹地的最优空间模型。

在克里斯塔勒的基础上，贝里于1963年进一步指出中心地的本质是集聚，中心地等级体系中的等级是由消费者对同类商品和服务所表现出的相似行为的结果。另外早期关注城市中心商业活动区位的研究有：普劳德福特1937年根据美国零售业活动的区位条件和空间特征，将零售业空间划分为中心商业区、外围商业区、主要商业街、近邻商业街和孤立商店群五种空间类型。戴维斯1972年在总结了贝里等人研究成果的基础上，提出了更一般的中心商业区的空间融合模型。在中心商业区的核心部，首先以核心部为中心，各职能呈同心圆布局，在此基础上重叠着沿交通线呈带状分布的零售业区，这些零售业区是按照等级职能的高低由内侧依次布局。在同心圆和带状相互重叠的模型上，再叠加上特殊专业化职能空间，形成商业区的空间融合模型。

1966年，弗里德曼(J. Friedman)在《区域发展政策》中提出“中心—外围模型”。该模型认为中心区(Core Regions)是创新中心，其周围地域组成了外围区(Peripheral Regions)，中心的发展与技术进步、高效的生产活动以及生产创新有很大的关系，六个自我强化、反馈的效应[3]支持了中心的成长。外围区的发展则依赖于中心区，中心与外围存在着不平等的发展关系。弗里德曼认为城市先在核心区发育，随着扩散作用加强城市体系得以发育，并将整个过程分为四个阶段[4]。

20 世纪 70 年代以来，随着全球经济的深刻转型以及服务经济的兴起，西方国家大都市地区普遍发生了去中心化和重新中心化的现象，对于这种现象及其特征规律的研究成为城市空间研究的热点。这些研究主要集中在以下三个方面：

① 对服务性多中心现象的描述和经验总结。苏贾(Soja，1989)将洛杉矶的重新中心化的两种形式归纳为“闹市区的复活”和“外围城市”的兴起。随后，霍尔(Hall，1999)、萨森(Sassen，2001)等人先后指出由于生产性服务集聚所引发的新的中心类型和中心体系正在西方发达国家大都市区逐步形成。

② 应用企业数据对服务性中心展开的实证研究，主要集中在区域和国家尺度。1998 年，比沃斯托克(Beaverstock J V)、史密斯(Smith R G)和泰勒(Taylor P J)将卡斯特的“流动空间”的概念用于全球城市体系分析，首次尝试利用生产性服务企业有关数据来分析城市网络现象，开启了全球化与世界城市网络研究小组(GAWCD)团队对世界城市服务性中心的实证研究。

③ 融入企业组织网络、流动空间等相关思想和研究，构建多中心大都市(城市区域尺度)的理论解释框架。伯格和梅杰斯(Burger et al，2012)在克里斯塔勒的中心等级和从属关系基础上，补充了中心的流动与互补的功能性特征，进一步扩展了中心的概念。彼得·霍尔等(Hall et al，2006)研究认为多中心概念既是过程敏感的又是尺度敏感的，不依赖于行政管理边界，反映了当前知识经济下的流动空间和地方空间复杂的功能相互依赖性。同时知识密集型的高端生产性服务业的商务运行和流动，与每个巨型城市区域中城市发展的多中心模式密切相关。

4) 中心的测度方法

早期对城市中心边界的确定主要是一些定性的描述方法。

1933 年，克里斯塔勒提出利用中心性 C 这一指标来衡量中心职能的程度。$C=B_1-B_2$。其中，B_1 为中心地供给和提供的商品和服务总量；B_2 为中心地为自身供给和提供的商品和服务量。一个地方的中心性等于它的重要性剩余，即等于该地点对于隶属于其区域的相对重要性。高级中心地提供大量的和高级的商品和服务，而低级的中心地只能提供少量的、低级的商品和服务。

在 20 世纪五六十年代西方 CBD 研究中，使用“街区临街面的销售额”“商店出租指数”“由峰值地价交叉点引出的人口密度或行人流量”等诸多指标来确定 CBD 范围。其中，最有影响的研究是墨菲、万斯的 CBD 指数，美国人口普查局 CBD 研究[5]以及霍伍德、博伊斯的 CBD 核框理论(王朝晖等，2002)。

20 世纪 80 年代后期，部分研究学者把城市中心抽象为就业中心，通过就业指标门槛等方法来确定中心边界。这些方法包括三个方面：一是“门槛”法，如就业人数密度门槛、总就业人数门槛等指标，高于门槛的设置为城市就业次中心(Giuliano et al，1991；1999；Anderson et al，2001；Gaschet，2002)。二是补充“就业人口/人口”相对指标作为“门槛”法的补充(McDonald et al，1994；Forstall et al，2013)。三是在方法二的基础上，运用空间统计方法——“面方式空间自相关”(Guillain et al，2006)来进一步判断城市(就业)中心空间分布。

20 世纪 90 年代以后，随着服务经济和城市网络研究的兴起，网络分析家对“中心性”这一概念提出了许多有用的度量(Smith-Doerr et al,2005)。一是关联度,即直接联系的数量。关系可以向两个方向延伸,但不一定是相互的。为此,分析家使用入联度(从外部伸入的连接数量)和出联度(向外伸出的连接数量)来区分这两种情况。二是接近度,即距网络中所有其他节点的距离(平均分离度)。三是中介度,即现在网络中任何两个节点之间的最短路径上的频度。四是特征向量,与关联度相对的一个指标,用来表示间接联系。在流动空间和城市网络思想的基础上,泰勒于 1999 年进一步提出利用生产性服务企业网络来测度城市之间联系的网络关联法。随后诸多学者将泰勒的方法应用于世界城市或多中心城市区域的实证研究中(Beaverstock et al, 2001;2003;2005; Lambregts et al,2004;2005)。

希尔默和艾尔沃尼格(Shearmur et al,2002)在巴黎大区的生产性服务空间研究中使用 $n_{X\%}$ 指标,定量分析了 17 类生产性服务的集聚和分散程度。$n_{X\%}$ 代表了 $X\%$ 的服务企业的最小空间分布范围 n(n 表示基本空间单元)。$n_{50\%}$ 用来衡量空间集聚度,代表了 50% 的企业所覆盖的最小空间单元数,$n_{50\%}$ 的值越小,行业的集聚程度就越高;以 $n_{100\%}$ 和 $n_{100\%}-n_{90\%}$ 两个指标衡量空间分散度,$n_{100\%}$ 的值越大,行业的分散程度就越高,$n_{100\%}-n_{90\%}$ 的值越大,该行业最后 10% 的企业的分散程度就越高。

2012 年,伯格(Burger M)和梅杰斯(Meijers E J)通过补充节点的流动和互补特征,将克里斯塔勒的中心性概念往前拓展、延伸了一步。$C_{CI}=N_C-C_{CE}-L_C$。其中,C_{CI} 表示中心的重要性剩余;N_C 表示中心总的供给能力;C_{CE} 表示提供给本城镇体系以外其他地方的能力(流动能力);L_C 表示中心供给本地的能力(表 1-1)。此外,国内学者韦亚平、赵民(2006)在伯塔德[6]的基础上,提出利用绩效密度、绩效舒展度、绩效人口梯度和绩效组织发展(OD)比等定量方法来测度大都市区多中心程度。

另外一类重要的中心测度研究来自经济地理学科的贡献,已有学者将产业集聚指标引入中心测度研究(表 1-2)。由于现有的集聚理论和大部分测度集聚的指标(模型)基于制造业,目前大部分学者主要是将已有的测度指标直接移用到服务业的集聚测度中。

表 1-1 中心测度方法

时间	指标(模型)	计算方法	代表学者及方法评价
1933 年	中心性 C	$C=B_1-B_2$。其中,B_1 为中心地供给和提供的商品和服务总量;B_2 为中心地为自身供给和提供的商品和服务量	克里斯塔勒
20 世纪五六十年代	CBD 研究相关指标	“街区临街面的销售额”“商店出租指数”“由峰值地价交叉点引出的人口密度或行人流量”等诸多指标	最有影响的研究是墨菲、万斯的 CBD 指数,美国人口普查局 CBD 研究以及霍伍德、博伊斯的 CBD 核框理论
20 世纪 80 年代以后	就业人数门槛指标	一是“门槛”法,如就业人数密度门槛,总就业人数门槛,高于门槛的设置为就业次中心;二是补充“就业人口/人口”相对指标作为“门槛”法的补充;三是在补充“就业人口/人口”指标的基础上,运用空间统计方法——“面方式空间自相关”等	朱利亚诺等(Giuliano et al, 1991;1999)、安德森等(Anderson et al, 2001)、加切特(Gaschet,2002)、麦克唐纳等(McDonald et al,1994)、福斯托尔等(Forstall et al,2013)、吉兰等(Guillain et al,2006)

续表 1-1

时间	指标（模型）	计算方法	代表学者及方法评价
20 世纪 90 年代以后	网络“中心性”	一是关联度，分为入联度（从外部伸入的连接数量）和出联度（向外伸出的连接数量）两种情况；二是接近度；三是中介度；四是特征向量	史密斯等（Smith et al，2005）
	网络关联法	假定城市 a 和城市 b 之间有 m 个生产性服务业公司，那么城市 a 和城市 b 之间的连接度就是 $C_{ab}=\sum_{i=1}^{m}(V_{aj}\times V_{bj})$，$V_{aj}$、$V_{bj}$ 分别表示生产性服务业 j 公司在城市 a 和城市 b 的重要程度。它可以通过公司层级的重要性来衡量，如将公司总部赋值为 3，分公司赋值为 2，支公司赋值为 1。依次计算出所有城市两两之间的连接度，进行加总可以得到某个城市与其他所有城市的总连接度	泰勒等
	中心性	$C_{CI}=N_C-C_{CE}-L_C$。其中，C_{CI} 表示中心的重要性剩余；N_C 表示中心总的供给能力；C_{CE} 表示提供给本城镇体系以外其他地方的能力（流动能力）；L_C 表示中心供给本地的能力	伯格等（Burger et al，2012）
	$n_{X\%}$ 指标	$n_{X\%}$ 代表了 $X\%$ 的服务企业的最小空间分布范围 n。$n_{50\%}$ 用来衡量空间集聚度。以 $n_{100\%}$ 和 $n_{100\%}-n_{90\%}$ 两个指标衡量空间分散度	希尔默等（Shearmur et al，2002）。相对指标，有利于不同生产性服务行业之间的比较；同时测度了集聚与分散程度；简单易行，对数据要求不高
	空间自相关	根据数据格式——点数据和面数据，有全局空间自相关和局部空间自相关两种计算方法	考虑空间相互作用

表 1-2　产业集聚指标及测度方法

指标（模型）	计算方法	方法评价
区位熵	$LQ_{ij}=\dfrac{X_{ij}/\sum}{\sum_{j}x_{ij}/\sum}$，表示第 j 地区的第 i 产业就业人数	简单易行，是应用最广泛的指标，但忽视了各地劳动生产率的差异
赫芬达尔指数	$H=\sum_{i=1}^{n}S_i^2$。其中，$S_i^2=\dfrac{X_i}{T}\times 100\%$，为各企业的有关数值，为市场总规模；$S_i$ 为第 i 个企业的市场份额；n 为该行业的企业总数	绝对指标，忽略了产业间的可比性
空间基尼系数	$G=\sum(X_i-S_i)^2$，是地区就业人数占全国总就业人数的比重，S_i 是该地区某产业就业人数占全国该产业总就业人数的比重	应用广泛，但忽视了不同行业企业规模的差异
产业集聚（EG）指数	$\gamma=\dfrac{G_i-(1-\sum_{r}x_i^2)H_i}{(1-\sum_{r}x_i^2)(1-H_i)}$，是行业 i 在 r 个区域内的基尼系数，H_i 是行业 i 的赫芬达尔指数	考虑产业组织的差异情况，综合了空间基尼系数和赫芬达尔系数，但对数据要求较高

1.2.2 服务业集聚及服务分工研究

1）服务业相关研究

20 世纪 70 年代以来关于服务价值的重新认识与相关研究无论在概念上还是在方法论上，都对传统经济理论构成了挑战。

一是对于服务过程的重新认识。让·盖雷（2012）通过“服务三角形”（图 1-1）来概念化服务的过程。服务是一种运作，是其提供者 *A* 应顾客 *B* 的要求（两者经常有互动），施加在 *B* 所拥有或使用的实际物 *C* 上，实现 *C* 的转化，其结果并不是一个独立于 *C* 的最终产品。由于存在“面对面的联系”，盖雷将服务业视为生产者和消费者共同生产的过程。这一关键特征深刻影响了对供给、产出、需求和市场的经济分析。供给方和客户之间的信息和知识传播形式是合作生产的一个独特因素，而且越来越重要。

二是讨论人力资本、信息技术以及模块化规则在服务中的作用。较早的研究有格鲁伯、沃克（1993），他们在《服务业的增长：原因与影响》一书中认为人力资本和知识资本[⑦]是生产性服务业最重要的特征。在生产性服务中，大部分都以人力资本和知识资本作为主要投入的一种，它们的产出体现有人力资本和知识资本服务，并且它们最终是物化在为最后使用与出口而提供的商品和服务当中。皮姆·登赫脱希（2012）将知识密集型商务服务业 KIBS[⑧] 的生产活动分为三种类型：作为推动者的 KIBS（为创新系统提供支持）；作为转移者的 KIBS（把创新从某特定地点转移给客户）；作为创新源泉的 KIBS（在客户企业的创新发展中发挥主要作用）。法伊兹·加卢（2002）从知识物理上的流通、知识的性质（缄默与编码知识）、知识的范围（一般性知识和专业知识/本地化知识）和知识的结构（知识的组合与分解）四个方面分析服务生产及交易的不同机制。巴拉斯（Barras，1990）、青木昌彦等（2003）指出信息技术的发展、模块化的生产有助于服务业实现产业化：服务最简单的部分实现了部分自动化，而具有关系性和最复杂的部分却被扩展了。银行部门在应用这些新技术上发挥了先导作用，因为编码信息的传递和处理也是银行提供服务的核心部分，其他部门，比如贸易、通信等也随后跟进。

2）生产性服务空间集聚研究

奥卡拉汉（O' Huallachain et al，1991）通过计算美国大都市区 1976—1986 年商务服务和专业服务业的增长率，发现郊区的增长率高于城市中心区。

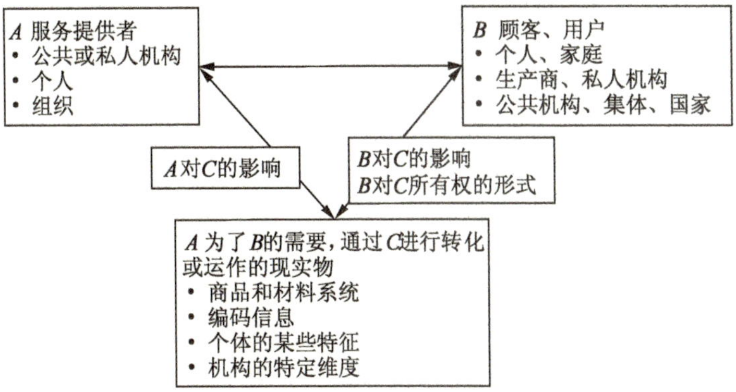

图 1-1 服务三角形

萨布兰(Sabourin,1998)以美国双城为例,研究了广告业及其与后向联系(Backward Linkage)之间的关系的空间特征。研究方法主要采用问卷调查,借助弹性生产理论,将广告业投入要素(Inputs)分为16种(如动画、音乐、电影或电视制作、打印等),找出其中主要的后向联系。通过问卷调查,将这些后向联系分为面对面交流重要、面对面交流不重要两组,并分别绘制其空间位置,试图通过这种关联来解释双城广告业的空间现象。研究的主要结论是:① 后向联系与前向联系相比更加地方化;② 中心城区的广告机构投入和外包的数量更大,使用更多的供应商,在供应商上的花费更大;③ 不同区位的外包程度差异,除了与机构的规模有关,还与个体投入的特殊类型有关,而非被外包的个体投入在比例上的差异。

斯科特(Scott)以好莱坞电影产业为例,分析了弹性生产系统的出现和扩张对刺激大规模的电影产业再集聚的重要作用。斯科特认为即使是弹性生产逐渐取代了大规模的标准化生产,出现了大量的小公司,但仍然不能忽视大型企业的作用。他分析了洛杉矶的八大电影产业巨头的变化,总结了洛杉矶电影业四个主要的功能和组织特征,并比较了1980—2000年洛杉矶和美国全国就业人数、企业数的变化,主要结论是,美国其他地区的就业和电影企业都在增长,但洛杉矶仍然保持着高水平的相对地理集聚。

希尔默等(Shearmur et al,2002)以法国巴黎为例研究了17个不同服务产业的区位模式,研究结果表明,每一个服务部门的区位模式并不相同,而且每一个服务部门的区位模式都是产业集聚和扩散的综合结果。希尔默(Shearmur R)和艾尔沃尼格(Alvergne C)对巴黎的研究认为存在四种区位模式,分别是在巴黎的商业区形成绝对的集聚模式;在巴黎中心集聚,并以此为中心形成同心圆式的集聚模式;在巴黎集聚的同时在巴黎周边地区形成更具集聚趋势的模式,类似于圆环状的集聚模式以及一些服务业并不在巴黎集聚而是在高新技术产业地区集聚。同时,他们也指出了服务业向外扩散的三种模式,分别是完全的扩散模式,即很多的产业部门均匀地在各个地区分布;向巴黎周边的卫星镇扩散的模式;向其他特定地区扩散的模式(而不是向卫星镇扩散或向其中一部分的卫星镇扩散)。

李蕾蕾、张晓东和胡灵玲(2005)对深圳2003年《联通黄页》和《工商指南》等数据库收集核实后的1 480家广告经营单位,应用地理信息系统(GIS)进行点的空间聚类分析。他们研究了深圳广告企业的空间分布和集群形态,并归纳出深圳六大广告业集群和关联模式。

赵群毅、周一星(2007)参照布朗宁(Browning)、辛格曼(Singelmann)的服务业划分,界定中国生产性服务业包括12大类(41小类)。以北京大都市区为研究对象,运用空间分布实态模拟(Suffer模型)计算得到在距离城市中心的不同半径所形成的不同密度生产性服务业的等值线;运用空间自相关方法得到直观的生产性服务业空间上的高—高分布、低—低分布、高—低分布关联图;运用因子分析方法,将41个具体行业归纳为6个影响组成北京生产性服务业整体空间的主因子。该研究把生产性服务业作为一个整体统一考虑,忽视了不同行业在空间分布上的差异。

陶纪明(2008)以上海市为例,分别统计了1995年和2005年上海九类生产性服务业(分别为银行、律师、会计师、广告业、航运物流业、国际贸易业、房地产业、计算机软件开发业和商务服务业)排名前十位的邮政编码(根据企业注册邮编地址,统计位于同一邮编的企业个数),比较其10年来空间上的变化,并进一步计算基尼系数,分析其空间集散程度。

邱灵(2011)以北京市为案例区,基于基本单位普查和经济普查的大样本企业数据,运用泰尔(Theil)系数、空间基尼系数、赫芬达尔系数、EG指数、空间自相关模型和地理联系率进行城市生产性服务业空间集聚的综合测度研究。研究认为基于就业人数的城市生产性服务业的空间差异更为明显；街区尺度生产性服务业的区域集聚程度和企业集中程度均存在时间波动性和行业异质性；城市生产性服务业的就业分布呈现显著的空间关联性。

在生产性服务业集聚的成因上，目前还没有成熟的理论框架，大部分研究都是建立在制造业集聚的框架上（陈建军等，2009）。梁琦（2004）应用主流经济学的研究方法，通过建模的方式将产业集聚与各种影响因素之间的关系模型化，在报酬递增和不完全竞争的分析框架下讨论公司定位和产业区位问题。梁琦将产业空间集聚的区位因素分为三类：① 与距离有关的区位因素，包括运输成本、规模经济和希尔默的外在性；② 与需求有关的区位因素，包括地方需求、产品差别化和贸易成本；③ 与知识溢出有关的区位因素。方远平（2004）提出了服务业区位因素体系：由经济因素、空间因素、科技因素和人文因素四大类构成，并进一步细分为市场与集聚因素、劳动力与人才因素，交通通信因素、空间与环境因素，科技创新要素与创新环境因素，政治制度与历史文化因素。林善浪、张惠萍（2011）研究发现，上海信息服务业企业倾向于选择通达性较好的区位，尤其是倾向于选择城市轨道交通沿线的区位，同时也充分考虑接近人民广场、上海火车站等交通便利的区域。软件服务企业对通达性要求更高，比其他企业更倾向于选择地铁、轻轨沿线的区域，更看重邻近两个机场的区位；互联网信息服务企业对邻近人民广场和火车站的区位较为看重，选择城市中心点的区域布局；计算机服务企业区位选择和全行业的结果相似。

3）服务分工研究

当前分工的一个基本特点是企业间、地区间、国家间经济分工的基本单位或层面从以往的行业、产品拓展深化到产品内的不同工序、环节、流程，推动当代企业组织形态、业务定位及其联系方式的革命性变动（卢锋，2007）。

从现有研究来看，生产性服务业分工有两个关键维度——一种是服务产品差异化，一种是服务价值链分化。

产业组织理论认为，产品差异是企业为满足消费者不同偏好的需求，提供具有差异化的产品。贝恩（Bain，1956）指出产品差异化有双重效果，一方面差异化可以减轻企业之间的竞争，一方面产品差异化可以产生进入壁垒。近年来，巴拉萨（Barras，1986；1990）、米尔斯（Miles，1994；1995）、苗佐和索尔特（Miozzo et al，1999）、加卢和温斯坦（Gallouj et al，1997）以及埃万杰利斯塔（Evangelista，2000）等关注服务产品的生产过程与工业产品相比所表现出来的特性，采用分类学的研究方法，强调服务生产中的复杂问题和服务产品的差异化特征。另外，菲茨西蒙斯（Fitzsimmons）和拉夫洛克（Lovelock C H）等人对服务产品研究是应用导向型的，提出从服务的规划、生产与传递过程等角度来开发设计新的产品。

价值链的概念最初由波特于1985年提出，认为价值链将一个企业分解为与战略相关的许多活动，包括基本活动和辅助活动。基本活动包括内部后勤、生产经营、外部后勤、市场销售与服务；辅助活动包括采购、技术开发、人力资源管理和企业基础设施。格里芬等（1994）强调价值链存在四个重要方面：① 投入—产出结构，是价值链的内在基本结构，除了传统的物质流外，还有知识流和技术流的传递；② 空间布局，各个生产环节在空间上的布局和区位关系；③ 治理结构，在价值链各环节中发挥主导作用和协调的组织方式；④ 体制框架，价值链所处的国内和国际的体制背景（包括政策法规、正式和非正式的规则等）。迪肯（Dicken，2003）认为价值链是指在某种商品或服务的生产过程中，能增加价值的一系列相互作用、彼此联系的基本活动的集合。

另外，服务外包作为服务分工的一个重要现象被广泛研究。服务外包的主要类型包括信息技术外包(ITO)、业务流程外包(BPO)和知识流程外包(KPO)。这三类外包在服务提供市场成熟度和功能复杂性方面存在着明显差异。肯尼迪等(Kennedy et al,2009)认为企业在面临服务外包时有四种选择:① 在当地和企业内部完成这些任务;② 转移至较远的分支机构但是将业务保留在企业内部;③ 在本地实现外包;④ 外包至遥远地区。卢锋(2007)从产品内分工视角对服务外包进行了深入的经济学分析,并对中国软件与服务外包的出口数量规模进行了估算。

1.2.3 分工视角的城市空间研究

两项最重要的从分工视角考察城市空间组织的研究来自马西(Massey,1984)和斯科特(Scott,1988;1998)。

马西运用劳动空间分工对空间的差异性和不平衡发展做出了具有说服力的解释。马西的中心论点是,分工使得生产在空间中的组织是系统的,并不是随意的,该系统的潜在动力是对利润的竞争性追逐。“新劳动空间分工不仅仅是格局问题,而且是对一些同样陈旧的纸牌进行的一次地理重新洗牌。它们代表了不同地点进行的活动、社会组织的新空间格局、新的差异与优势和相互依赖之间的一系列新关系。每一次新劳动空间分工都代表着一种真实的、完全的空间重构”(Massey,1984)。

斯科特关注弹性积累的“新产业空间”,他认为弹性积累的区位存在两种趋势:一是对福特制劳动力制度的规避;二是产品在与福特制核心工业区在社会上或地理上相隔离的区位上的选择性再集聚。在此基础上,分工对于空间重构的逻辑在于:① 市场的不确定性和分割导致了生产系统的垂直动态分离;② 增加了企业与其他企业在劳动力市场上对外部交易的依赖;③ 空间集聚使这些外部交易成本最小化,同时使嵌入的弹性雇佣准则成为地方劳动力市场的主导原则。

国内分工视角的城市空间研究:宁越敏、石崧(2011)以上海为例,在三个空间层次上构建了大都市区劳动分工和空间组织的分析框架,即上海在全球的劳动分工、上海大都市区内的城乡分工以及两个生产空间 CBD 和开发区的分工,三个层面的分工共同构成了上海大都市区空间组织;马莉莉(2011)从产品内分工出发,分析了中国香港在世界、东南亚以及珠三角的分工角色,对香港世界城市的发展提出政策建议。

1.3 研究概念界定

1.3.1 城市中心

城市中心的基本概念:中心的本质是经济活动的集聚地,集中提供商品和服务的地方,中心是与外围相对的一个概念。同时,城市中心的功能与空间内涵不断拓展。本书根据“经济职能”“空间区位”两个方面的意义,对“中心”这一概念进行界定。

(1) 在经济职能上,集中提供产品(包括商品和服务)的空间。随着所提供产品重要性的增加,中心的经济职能越高;中心之间既可能存在等级和从属关系,也可能存在要素流动和互补关系。

(2) 在空间区位上,与外围经济腹地的概念相对,中心的区位不一定是几何中心。

1.3.2 生产性服务业

国内外学者和经济组织对生产性服务业的划分标准并不完全统一。

格鲁伯和沃克(Grubel et al,1989)将服务业分为生产性服务、消费性服务和政府服务。在布朗宁和辛格曼的服务业四分法中,将银行、信托及其他金融业、保险业、房地产、工程和建筑服务业、会计和出版业、法律服务业等行业界定为生产性服务业。美国统计局将金融服务、保险服务、不动产、商业服务、法律服务、会员组织和其他专业服务等七个行业界定为生产性服务业范畴。英国将以下七个行业界定为生产性服务业范畴,即批发分配业、废弃物处理业、货运服务业、金融保险服务、广告服务、研究开发服务和贸易协会。科菲等(Coffey et al,1991)将工程服务、企业管理咨询、会计服务、设计服务、广告服务等界定为生产性服务业。戈埃(Goe,1996)将广告、商业银行、会计、不动产、法律服务、研发服务、技术咨询服务纳入生产性服务业范畴。

国内学者阎小培借鉴辛格曼的服务业四分法,将国内服务业分为四类,即生产性服务业、分配性服务业、消费性服务业、社会性服务业。其中生产性服务业也被称为"中间投入服务业",属于信息、知识和技术密集型产业,并将生产性服务业归纳为以下行业,即主要包括金融保险业、房地产业、信息咨询服务业、计算机应用服务业、科学研究与综合技术服务业等。

尚于力等(2008)采用投入产出法,将中间需求率大于50%的行业界定为生产性服务业。2006年在中国《国民经济和社会发展第十一个五年规划纲要》中提出重点发展的生产性服务业,分别为交通运输业、现代物流业、金融服务业、信息服务业和商务服务业。2011年在中国《国民经济和社会发展第十二个五年规划纲要》中提出重点发展金融服务业、现代物流业、高技术服务业和商务服务业。根据2007年中国投入产出表数据,服务业整体的中间使用率为49.58%,其中研究与试验发展业为97.47%,邮政业为88.42%,租赁与商务服务业为77.86%,交通运输及仓储业为77.21%,金融业为75.53%,综合技术服务业为73.84%,信息传输、计算机服务与软件业为54.99%,虽然批发和零售、住宿和餐饮业的中间使用率也高于服务业整体的中间使用率,但生产性功能较低。

鉴于研究的需要和数据的可得性,本书研究关注生产性服务业中的以下四大行业:金融业;租赁与商务服务业;信息传输、计算机服务与软件业;交通运输、仓储与邮政业。

1.3.3 服务分工

分工的本质,即专业化生产某种产品(包括商品和服务)。由于分工使得每个人专注于一种经济活动,因此需要通过市场交换来获取各自所需要的其他产品。从社会整体来看,分工专业化有利于提高生产效率,节约成本,推动社会进步和经济发展。从企业微观来看,分工可以看做是微观经济单位(企业)在该行业领域内选择不同职能操作的决策行为(蔡彬彬等,2005)。分工深化的过程即新的服务职能操作不断地从原有职能操作中分离,企业内部机构不断分化,新的企业类型出现的过程。

本书将从生产性服务业分工(简称服务分工)的两种趋势,来考察城市中心的经济地理演变。

(1) 服务产品细分,即随着需求多元化以及在扩大市场的要求下,不断提供新服务(产品)的过程。

（2）服务价值链细分，即在技术革命、网络化企业组织条件下，生产过程逐渐片段化、空间分离的过程。

以金融服务为例，按照服务产品差异化分为银行信贷产品、保险产品、证券产品等，按照服务价值链又可以分为管理决策、产品创新、标准化服务、技术支持等。

本书中的服务产品细分主要依据《国民经济行业分类》（GB/T 4754—2002）所划分的行业四级代码和第二次全国经济普查数据中的企业名称辨别；服务价值链细分既可以由一个企业内的不同分支部门完成，也可以由不同企业协作完成，研究主要考察具有分支机构的企业。

1.4 研究思路

（1）将微观经济活动规律、区位论、城市空间组织统一在一个分析框架下思考，从而可以有力地揭示城市空间组织的内在机制。

本书的出发点即沿着分工这一角度，分析经济活动本身的规律对城市空间的影响。构建了多中心的一个分析性框架，分析服务分工的两种趋势、分工的条件与限度，并结合具体生产性服务业的行业特征差异以及区位因素，进一步解释多中心现象及其空间规律。

（2）从不同行业角度对多中心做出解释，丰富中观层次对于多中心现象的理论认知。

通过对金融、商务、信息技术和物流四大类生产性服务业的分析，有效地认知不同服务门类之间的差异对于城市中心的影响，并通过更微观层面的企业联系辨识中心间的相互关系。

（3）将理论结合上海实践，进一步补充特定制度和环境下生产性服务业分工程度对于城市多中心的影响的相关认知。

由于每个城市在不断变化的宽泛的政治经济系统中都有其历史角色和区位，决定了其拥有一个独特的地理轨迹，这种独特性使其在应对经济和政治重构中的能力不同（埃里克·谢泼德，2009）。研究认为历史进程与行业特点、国有企业改革等深刻制约着上海生产性服务业分工发展的程度。历史进程和行业特点往往决定了中心（节点）在空间上的初始发展，而新型服务业态的出现，以及随着国企改革与现代企业制度的建立，各种服务功能的剥离与分化，新的中心在空间上不断形成。

注释

① 霍尔指出国际大都市的中心存在六种不同的类型：传统商务中心、第二代的商务中心、第三代的商务中心、远离城市中心的边缘城市、更外围的边缘城市以及特殊活动集聚区。

② 萨森认为由四种基本类型的中心所组成的中心体系正在逐步形成：原有的主要中央商务区依然保持着战略地位；城市中心作为集聚大量商务活动的网络节点，向大都市地区延伸，这个过程深植于传统的交通基础设施中，如高速城际列车、地铁、连接机场的高速公路；中心正在电子化（虚拟）空间里组成；部分中心被连接到全球经济网络中。

③ 分别是主导效应、信息效应、心理效应、现代化效应、连接效应和生产效应。

④ 工业化前期：区域内部分布着相互孤立的城市，城市等级体系没有发育。传统经济时期：出现了一个强大的单中心，制造业开始出现，投资集中于少数核心，使主要城市得到发展。工业经济时期：单一的区域中心和较强的边缘次中心同时存在。在核心和边缘之间的不平衡扩大，核心区出现了上升循环，边缘区则出现了下降循环。这个过程就是迈德尔的循环因果累积效应。随着经济发展，出现了平衡型的发展，

次核心开发，形成了一个整体化的城市等级体系。后工业化时期：城市与城市之间在功能上相互连接、相互依赖，边缘区消失（Friedman，1966）。

⑤ 以人口普查区段为基础。

⑥ 伯塔德（Bertaud，2004）根据对城市空间结构的考查总结了三个方面因素：建成区平均人口密度、密度剖面的梯度和日常出行模式。

⑦ 人力资本和知识资本的重要性是由索洛在 20 世纪 50 年代一项开创性研究中首先发现的，他因此获得了 1987 年诺贝尔经济学奖。他的研究大大推动了丹尼森、格里利切斯、乔更森及其他人的进一步研讨。

⑧ KIBS 定义为既将知识作为投入也将知识作为主要产出的经济活动。

2　生产性服务业分工视角的多中心解析

分工使得生产在空间中的组织是系统的，并不是随意的，该系统的潜在动力是对利润的竞争性追逐。……每一次新的劳动空间分工都代表着一种真实的、完全的空间重构。

——(英)多琳·马西《劳动的空间分工：社会结构与生产地理学》

随着分工在深度和广度上发生前所未有的拓展，当前分工与空间的关系已经密不可分，空间在受到分工深刻影响的同时也反作用于经济活动分工(Sayer，1982；Urry，1985；Soja，1985)。此外，分工引发了广泛的协作与交换，分工的增强将强化空间接触的系统结合和组织化的需要(Massey，1984)，使得不同空间之间的联系日趋密切与互补(Camagni et al，2004；Burger et al，2012)。

本章以生产性服务业不断分工细化为切入点，梳理与解析了服务分工的历史进程、服务分工趋势及条件，通过逻辑推理和理论演绎，分析城市空间重组以及多中心的形成过程及原因，并具体围绕服务分工对城市中心职能、区位以及中心间关联三个方面的影响进行论述，构建了生产性服务业分工视角的多中心的总体解释框架。

2.1 服务分工的演进历程

工业革命以前，分工的进度非常缓慢。人类社会先后经历了三次社会大分工，即畜牧业与农业的分离、手工业与农牧业的分离以及商业的出现。在一些手工行业中，出现了早期生产过程分工的雏形。1776 年，斯密描述了扣针生产的过程，“扣针的制造分为十八种操作。有些工厂，这十八种操作由十八个专门的工人担任。固然，有时一人也兼任两三门。……如果他们各自独立工作，不专习一门特殊业务，那么，不论他们是谁，绝对不能一天制造二十枚针……”这里斯密所指的分工实际上是生产过程的分工，分工有助于专业化，并导致劳动生产率的提高。

18 世纪工业革命开创的机械化生产方式加快了分工的进程。以福特主义为代表，建立机器集中联合基础上的流水线作业方式及企业的科学管理，加快了围绕工业产品生产的分工进程，并不断形成新的工业部门。从工业化进程的一般规律来看，主导产业的更替顺序依次为：以轻纺工业为主—以重化工业为主—以低度加工型为主—以高度加工型为主—以信息产业为主。工业部门主导的产业间分工提供了大量的耐用/非耐用消费品和生产资料。

机器大工业生产所需要的大规模资金投入导致融资需求的产生，催生了金融业的发展；同时，高投资所引发的高风险使得保险业日益重要。

20 世纪六七十年代以来，分工在广度和深度上发生了前所未有的拓展。生产分工的细化使生产性服务业独立发展为现代经济的重要组成部分。生产性服务业的出现与企业内部服务职能的外部化密切相关，如市场调研、技术研发和经营规划原是企业的内部职能，现在可以委托专门的调研咨询及研发公司执行；企业的财务管理和资产运作现在也可以委托专门的理财机构负责；企业内部物资的储存、调拨、配送可由第三方物流公司来完成；企业的人才招聘、培训也可由专业的猎头公司和培训机构来执行。

这些从生产过程中独立出来的服务可以归纳为以下四种类型(图 2-1)：① 在生产过程开始前，作为上游介入的生产服务有金融、可行性研究、研发设计、市场调查等；② 在生产过程中作为中游生产投入(生产过程本身需要的服务)介入，如质量控制、设备租赁、物流供应等；③ 在生产过程中作为中游平行投入介入，如会计、培训、保险、法律等相关服务；④ 生产结束作为终端销售投入介入，如广告、物流分销、客户培训等。

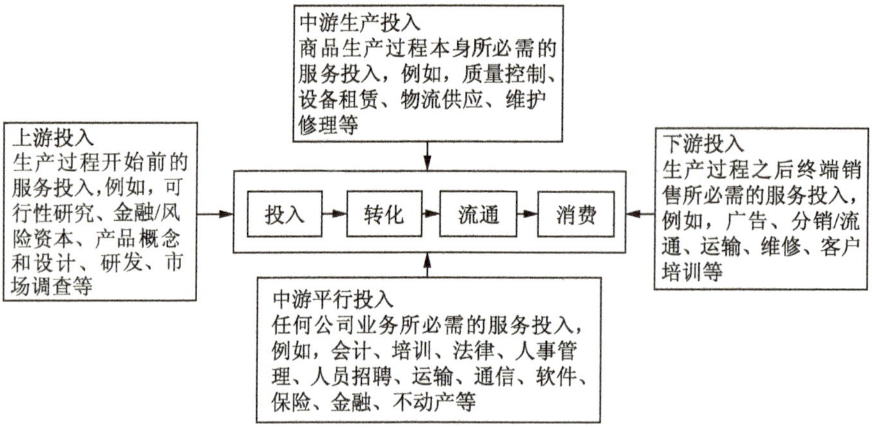

图 2-1　服务投入的四种类型

2.2　服务分工的基本认知

2.2.1　服务分工趋势

从服务分工趋势来看，可以鉴别出以下两种基本分工趋势(图 2-2)：

(1) 按照服务产品(市场需求)细分

服务产品细分即随着需求多元化以及在扩大市场的要求下，不断提供新服务(产品)的过程。比如随着信息技术的发展，设计者能够把证券分割成更小的单位，然后重新组合成新的金融衍生品。通过这样的创新，提高了国际金融市场的流动性，使资本在金融习惯完全不同的国家之间也能够顺利地流动。

(2) 按照服务价值链(效率优化)细分

服务价值链细分即在技术革命、网络化企业组织条件下，生产过程逐渐片段化、空间分离的过程。卢锋(2007)认为服务价值链得以细分的一个重要原因是由于技术影响下，服务中间产品的协调性要求和交易复杂性大大降低，部分产品可以直接定价，因而服务的生产流程可以在不同部门、不同地方，甚至跨国“片段化”分工合作生产。例如，证券的组合管理这一业务包括了资产选择、交易执行、记录的管理保存、产权转让、现状报告、全权委托服务等内容，可以把它们分别交给不同的金融业者连贯地进行操作。外包是当前服务分工的一种普遍形式，如香港汇丰银行就把大量劳动密集型的金融结算工作分包到广州。

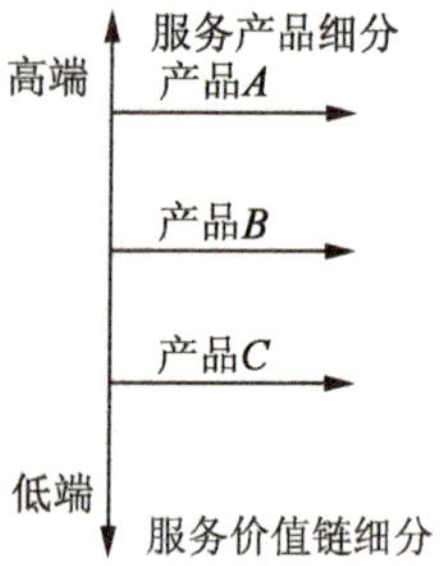

图 2-2　两种服务分工趋势

两种趋势相互交织，在实际研究中很难严格区分，因为企业作为经济活动主体，可能会同时提供不同的服务产品，并同时处于服务价值链的不同环节。但区分两种趋势仍然是必要的，服务产品的细分丰富了经济活动的内容，服务价值链的细分更多地产生了经济活动的协作和联系，二者对城市空间产生的影响不同。

2.2.2 服务分工的条件

1）生产要素高级化、专门化

在分工细化的深化过程中，生产要素投入一般经历由初级要素在生产活动中占主导地位，逐渐演化为资本要素占主导，再到高级要素占主导地位的过程（图 2-3）：① 土地、厂房、机器设备等物质性生产要素构成了工业化初期阶段商品生产的最重要投入。这些初级要素空间上难以流动的特征使得工业区位相对集中与固定。② 工业化中期以后，资本要素对经济的贡献超过初级要素的作用，且主要投向于工业部门。随着资本积累和技术变革，资本要素在经济增长中的作用日益增强。③ 20 世纪六七十年代以来，在服务经济的崛起下，知识信息、人力资本等高级生产要素日趋重要。生产要素的流动性开始增强，高级生产要素使经济增长从投资驱动转向创新驱动。其中，人力资本是知识信息交互的主体，只有作为“活资本”的人力资本加强沟通渠道，在空间上充分流动，才能对创新起到关键作用。

另外，随着中间产品（服务）越来越多、越来越细化、越来越专门化，提供中间产品（服务）过程中的要素也就越来越专门化。要素的异质性和专用性特征日趋显著，提高了彼此替代的难度。以劳动要素为例，专业化劳动的出现，加深了劳动要素间的差异，不仅不同层次之间的劳动力要素转移是有障碍的，而且同一层次不同工种之间劳动力要素的转移也是有障碍的，这种障碍（或者说替代的难度）会随着分工的深化愈来愈高。例如，软件企业的人才要素分化为创新和管理人才、设计开发人才以及编码、调试人才（原毅军，2009）。对于身处价值链上游的开发系统软件的软件企业而言，最重要的要素是软件创新人才、高级系统软件设计人才、系统分析人才及管理人才等主体要素；对于中游软件企业而言，设计开发人才主体相对重要；对于下游软件企业而言，以编码调试人才为主；而对于外围软件企业而言，人才要素总的比例下降，客体要素和工艺要素占比较大（表 2-1）。

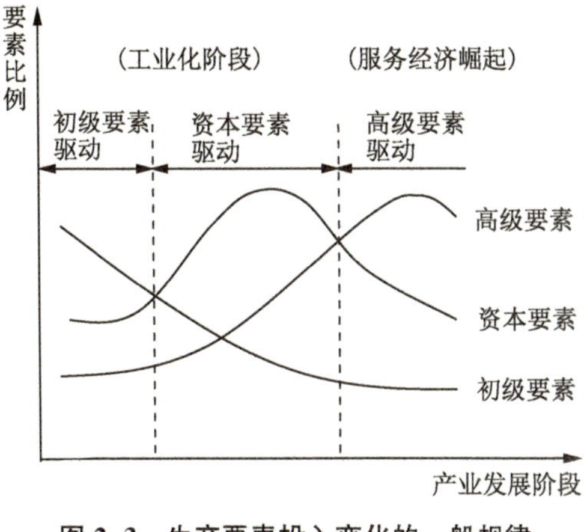

图 2-3 生产要素投入变化的一般规律

表 2-1 软件企业技术结构 （%）

	人力资本（主体要素）			开发工具、装备（客体要素）	技术标准、规范、流程（工艺要素）
	创新、管理人才	设计开发人才	编码、调试人才		
上游软件企业	40	20	10	10	20
中游软件企业	30	40	10	10	10

续表 2-1

	人力资本(主体要素)			开发工具、装备(客体要素)	技术标准、规范、流程(工艺要素)
	创新、管理人才	设计开发人才	编码、调试人才		
下游软件企业	20	30	30	10	10
外围软件企业	0	40	10	20	30

表 2-2　五次经济长波分别对应的主导产业

时间	第一次长波(1782—1845 年)	第二次长波(1845—1892 年)	第三次长波(1892—1948 年)	第四次长波(1948 年—20 世纪 80 年代)	第五次长波(20 世纪 90 年代至今)
主导产业	纺织、煤炭、炼铁	钢铁、机器制造、造船	电力及电器机械、化工、汽车、石油	电子、汽车、宇航	信息、网络、新材料、海洋工程、生产性服务等
技术创新	蒸汽机、纺织技术	铁路运输技术与炼铁技术	电、化工技术和内燃机技术	电子技术	信息网络、生物等技术
主导国家及地区	英国曼彻斯特、伯明翰、伦敦等	德国莱茵—鲁尔区;美国五大湖制造带	美国东部制造带;德国莱茵—鲁尔区	美国东西部制造带;日本东部制造带	美国西部制造带;中国珠三角、长三角

2) 技术条件变革

技术革命是分工演进最重要的驱动力之一。尼·康德拉基耶夫于 1925 年首次系统地提出了长波理论,20 世纪 70 年代之后经过克·弗利曼、格·门施、冯·丹因、罗斯托和曼德尔等人的发展和完善,工业社会以来经济发展的五次长波所对应的产业间分工如下:第一次经济长波(1782—1845 年),以纺织、煤炭、炼铁为主导的产业;第二次经济长波(1845—1892 年),以钢铁、机器制造、造船为主导的产业;第三次经济长波(1892—1948 年),以电力及电器机械、石油等为主导的产业;第四次经济长波(1948—20 世纪 80 年代),以汽车和电子等为主导的产业;第五次经济长波(20 世纪 90 年代至今),这次经济长波主要是以信息、网络、新材料等为主导的经济长周期(表 2-2)。目前,世界经济正处在第五次经济长波周期中。

信息化、模块化以及云技术等新技术深刻变革并推动着服务分工。

(1) 带来了生产的巨大灵活性。20 世纪七八十年代以后随着"第三意大利"、美国硅谷的兴起,以知识、信息为核心的变革使得灵活性的生产方式成为与福特主义刻板① 的直接对抗。尤其是 20 世纪 80 年代中后期开始,由于信息技术的迅猛发展、个人电脑的普及以及计算机产业的市场竞争规则发生改变,整个计算机产业迅速从福特制、丰田制的垂直型结构走向水平型结构,建立在模块化规则上的分工大大提高了生产的灵活性,并体现在生产过程、劳动力市场、产品和消费方式等各个方面。以模块化为基础的分工可以涉及"设计的分工""生产过程的划分""产品结构的划分""产品零部件的通用化""(企业内外的)组织形式""组织间的信息传递方式""技术体系的创新与发展"等多个方面,并涉及人才、物质、资金、信息、技术等所有的经营资源(青木昌彦等,2003)。

(2) 孵化出信息服务、软件服务、电子商务等多种信息服务业,并与传统行业相融合,衍生出更加多样化的新型服务业态。如"制造业 B2B② 信息中介",通过 B2B 电子商务平台整合制造业产业链的各类信息资源，为企业采购提供第三方交易，提高企业的采购效率。

(3) 大规模定制、模块化生产促使服务不断分工深化。服务的无形性特征影响了它的交换和流通，为了扩大交换、流通，服务朝着定型化方向发展，其中主要包括品牌差异和服务标准化，实现大规模定制是生产服务业发展的必然趋势。由于服务的中间产品的协调性要求及交易复杂性降低，部分可以直接定价，服务的生产流程呈现出“片段化”分工的趋势。“模块化的趋势不仅体现在生产行业，而且体现在各种服务业领域。尤其在金融服务业，这一趋势大大领先于其他行业，没有比股票和其他证券更容易模块化的东西了”(青木昌彦等，2003)。

3) 企业组织方式变迁

企业组织方式是实现分工的重要微观基础。随着分工发展，企业组织方式也在不断的演进。企业组织方式的演进主要经历以下三个阶段：① 工场手工业是企业的雏形。16—17世纪，一些西方国家的封建社会制度向资本主义制度转变，资本主义原始积累加快，大规模地剥夺农民的土地，使家庭手工业急剧瓦解，开始向资本主义工场制转变。② 工厂制的建立标志着企业的诞生。18 世纪，西方各国相继开展了工业革命，大机器的普遍采用为工厂制的建立奠定了基础。1771 年，英国人理查德·阿克赖特在克隆福特创立了第一家棉纱工厂。19 世纪三四十年代工厂制度在英、德等国家普遍建立。工厂制的主要特性是实行大规模的集中劳动、采用大机器提高效率生产、实行雇佣工人制度、劳动分工深化，以及生产走向社会化。③ 科学管理制度的建立使企业走向成熟。19 世纪末至 20 世纪初，随着自由资本主义向垄断资本主义过渡，工厂自身发生了复杂而又深刻的变化；不断采用新技术，使生产迅速发展；生产规模不断扩大，竞争加剧，产生了大规模的垄断企业；经营权与所有权分离，形成职业化的管理阶层；普遍建立了科学的管理制度，形成了一系列科学管理理论，从而使企业走向成熟，成为现代企业。

图 2-4 比较了手工工场、机器工厂、福特制、精益生产、大规模定制五种典型的生产组织方式的生产效率。① 由于受到现有熟练劳动力存量和劳动时间的限制，手工工场的单位产品成本曲线 L_0 从长期来看为一常数 c_0，进一步扩大生产会遇到工人数量，尤其是熟练工人数量上的限制。适应市场规模的扩大以获得更多的价值增值、突破劳动过程中的技术限制、通过降低熟练劳动力的作用以控制劳动过程的需要，迫使工场主开始采用机器。② 在工厂制度下，生产的单位成本曲线为 L_1，随着生产的扩大，其单位成本不断下降为 c_1。与手工工场相比，在产量为 q_1 时其节约的成本为三角形 ABC 的面积。市场的扩大尤其是标准化需求的持续扩张，机器生产进一步扩展了劳动过程的分工。③ 在福特制生产组织下，专用性机器设备的采用大大增加了固定资本的投资，降低了固定资本投资的成本和风险，要求保证生产过程的高效率运行。其单位成本曲线为 L_2，并随生产扩大到 q_2，其成本急剧下降为 c_2。以手工劳动为基准，其节约的成本为三角形 DEF 的面积，显然大于工厂节约的成本。④ 在精益生产的条件下，多技能劳动力与通用性机器相结合，在团队协作基础上按照及时生产来组织生产过程。中层管理活动的减少使管理层次出现扁平化。其单位成本曲线为 L_3，在产量为 q_3 时，其成本为 c_3。以手工劳动为基准，节约的成本为扇形 HDI 的面积，显然大于福特制条件下在产量为 q_3 时三角形 DJI 的面积。⑤ 在吸收精益生产思想并借助于信息技术发展的基础上，大规模生产的福特制组织逐渐演变为以低成本来生产大批量、多品种的大规模定制组织。福特制生产组织转变为大规模定制生产组织(单位成本曲线为 L_4)进一步提高了成本的节约程度(谢富胜，2005)。

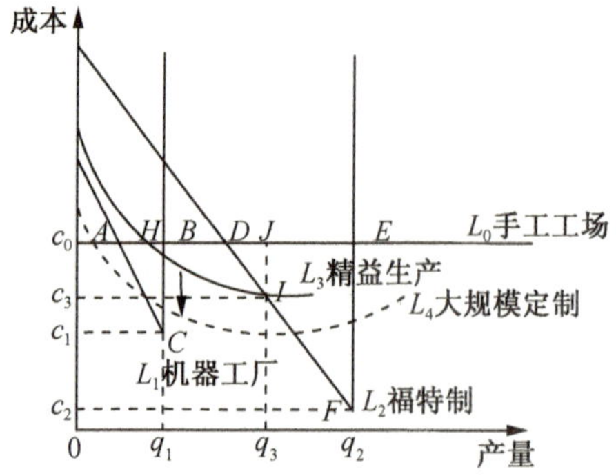

图 2-4　不同生产组织的生产成本比较

当前各种新型企业组织方式，如企业网络、战略联盟、外包、虚拟企业等可以看做是在以下三种基本类型上的不同变化形式：

(1) 层级型：以垂直整合的企业为代表，通常表现为以一种上下级之间的关系，上级机构或个人具有一定权威来制定规则以及发布命令，由下级执行。层级型的生产组织方式可以回溯到产生于机械化时期的现代科学管理方式。它最初由泰勒提出，通过权力执行机构和职能机构分设，采用"职能工长"的监督方式，即用一个统管一切的厂部计划部门替代工头这一层级，这一部门内设若干高度专业化的职能工长，分别负责工作流程、指示卡、成本、速度、纪律、维修、质检和班组等项工作，计划部门在总体上负责确定标准工时和产量，安排产供销的全面衔接，控制成本和监督工人。等级制的管理职能分工通过对经济所有制关系、生产资料及劳动力等不同控制程度来实现(表 2-3)。

(2) 网络型：相关主体之间的活动协调主要通过协商进行。网络型由具有互补能力的企业组成，企业之间趋向于平等合作关系，各方共同定义产品，在生产链中分享各自的核心能力。"一种跨越正式边界的整合的社会网络"正在兴起(Baker，1992)，它们是"通过市场机制而不是指挥联结在一起的一群公司或专业部门"(Miles et al，1992)。按照具体的组织方式和稳定程度，这种新的组织可能有以下三种基本类型：稳定网络、动态网络和内部网络[3] (Miles et al，1992)。

(3) 市场型：通过看不见的手进行相关活动的调节，彼此之间不存在任何的隶属、控制关系。

表 2-3　管理科层体系与所有和占有关系：一种基本形态

三个方面的控制程度		
对经济所有制关系的控制	对生产资料的控制	对劳动力的控制
总部		
完全控制，即控制全部投资和积累过程，以及部分参与总生产过程的子单元或整个生产过程的部分方面的决策	完全控制，即控制全部生产机构	完全控制，即控制整个监管科层体系
分支		
部分控制参与总生产过程的子单元的决策，或少量参与总生产子单元的狭窄方面的决策	部分控制总生产过程的一个片段	部分控制监管科层体系的一个片段

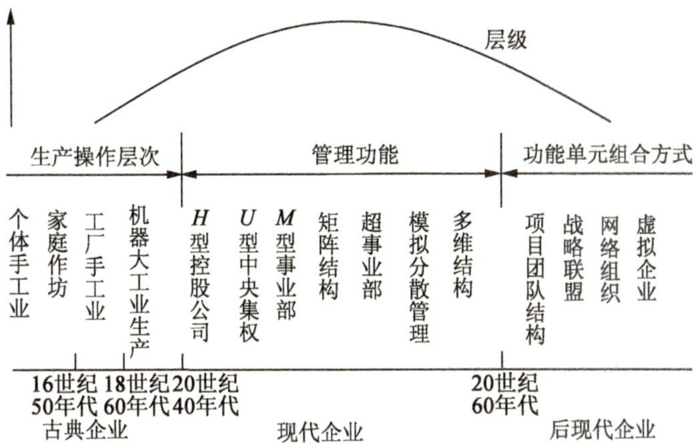

图 2-5 生产管理方式演化

为了协调分工的日益复杂程度，相应出现了各种生产管理方式。古典组织理论下的组织结构，强调专业化和分工，清楚而严格地界定职权、沟通渠道和管理层次与跨度的适应性。这一时期以直线制结构的管理方式为主。随着灵活性生产的要求，在传统组织结构的基础上，进一步创新企业集权与分权关系，其特点是从集权向分权转变，从以直线为主的纵向协调向横向协调、多维层次的系统结构转变，先后出现了超事业部结构、矩阵结构和多维结构以及战略联盟、网络组织、虚拟企业等多种组织管理方式(图 2-5)。

2.2.3 服务分工的限度

尽管当前分工在深度和广度上进入了一个前所未有的阶段，但在特定时空内分工仍然是有限度的。这种限度一方面来自服务业的无形性特征，难以标准化，一方面来自多样化产品导致服务市场分割带来的市场规模相对狭小。

1) 受限于服务业自身特性

服务业自身特性是其分工演进缓慢的根本原因。

(1) 与消费者沟通互动的成本：服务业永远不可能完全产业化，人与人之间直接的联系、协助、互动传递和交流信息与知识始终是消费者和用户要求的重要内容(让-克洛德·德劳内等，2011)。服务业以客户为导向，员工拥有大量的知识，成为决策的主体，所以服务业的经济活动所形成的契约具有高度的复杂性与不完备性，代理人的行动更加难以观测和监督，契约费用巨大并且无效率，服务企业内部从而面临巨大的经济扭曲，协调费用的巨大使得分工不经济现象出现。

(2) 中间产品难以分离：服务在大多情况下无法如一般有形产品一样，在生产之后可以存放待售，服务的无形性使得中间产品无法存储。服务业的中间产品难以分离出来形成市场，企业忍受着交易效率的低下。服务的生产与消费过程通常是同时发生的，它不像有形产品那样，在生产、流通、消费过程中要经过一系列的中间环节，因而生产与消费过程一般都具有一定的时间间隔，而服务的中间产品大多是无法分割的。

因此，服务业的分工大多为不完全的分工，分工后仍然存在着信息的交流，并且存在着大量的意会知识，使得信息传递效率很低而传递成本很高，服务业的分工大多不能固定化与标准化，也比较难以形成标准化的界面来支持必要的协调。

2）受限于市场规模

分工受市场规模的限制，是亚当·斯密的著名论断。源于分工的效率提高是与市场规模联系在一起的。同样，市场越发展，就越需要扩大的合作。市场经济的发展，必然要冲破分散、狭隘、封闭的自给自足的自然经济的格局，在广阔的空间内代之以相互往来和相互依赖。市场规模包括消费者数量、市场空间范围等。另外，由于服务的非标准化程度高，针对客户的特殊需求，服务呈现出定制化的特性，服务生产流程呈现出多样性，多样化的产品致使服务市场分割，使得市场容量相对狭小。

2.3 服务分工视角对多中心的解释

2.3.1 生产性服务业多中心的基本特征

生产性服务业不断分工细化，推动空间按照生产效率最优的原则不断重组（图 2-6）。城市中心呈现出以下特征：

1）在经济职能上，提供生产性服务的职能凸显

城市中心在服务性功能上开始扮演越来越重要的地位，尤其是生产性服务越来越重要。如苏贾（Soja，1989）在《后现代地理学——重申批判社会理论中的空间》中描述洛杉矶的城市中心是一个金融和商务服务的重要集聚区。在从商业区到太平洋岸，并向南延伸到洛杉矶国际机场这一地区里，设立着 60 多个公司的总部，12 家银行和储蓄贷款公司，拥有 10 亿多美元的资产；8 家最大的国际会计事务所中有 5 家事务所设立于此地；在 2 亿平方英尺（1 平方英尺≈0.093 m^2）的高层办公大楼空间中，有 2/3 的面积就在这一区域；一大群公司律师事务所雄踞东海岸一带；而且美国的军事工业综合企业的全国核心也坐落于此地。

2）在空间区位上，通常选址在具有一定高级生产要素发展基础的地区

回顾工业化时期的生产、消费、流通特征：① 为获取工业原料、能源动力和大量廉价土地，工业生产一开始就远离城市中心（马克斯·韦伯，1924）。同时劳动技能要求降低，大量的城市化农民为外围工业化提供了充足的劳动力。② 集中供应成为与集中生产相对应的一种有效的供给方式。一方面生产选址集中在外围一些特定地点，另一方面消费者的居住

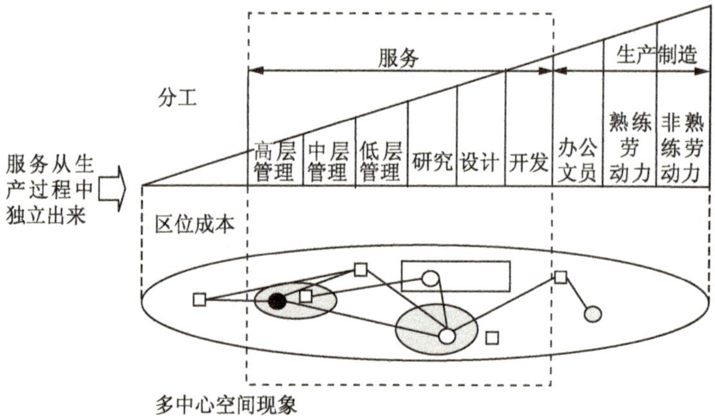

图 2-6　分工、区位成本与城市空间组织

地倾向于分布在广阔的地理空间，消费者需要前往城市中心购买商品，生产和消费产生了分离。③ 由于工业产品的运输需求，大规模流通变得日益重要；商品的繁荣与流通的发展使得城市中心的消费性功能被进一步强化。1853 年第一家百货商店在巴黎诞生，20 世纪 30 年代超市开始在欧美等国流行，商业步行街、购物中心④ 等新形式的出现，满足了 20 世纪消费对于城市中心商业建筑类型的需求，在某种意义上是消费性城市中心日益成熟的标志（图 2-7）。

在服务经济的崛起下，知识信息、人力资本等非物质性高级生产要素是服务生产的主要投入，倾向于在有发展基础的区位集聚（图 2-8）。这种发展基础包括一定的行业基础、历史环境、关系网络等。行业基础主要指行业已有发展，包括企业数量与规模、特定类型的供应商、专业化的劳动力市场等；历史环境包括形成的物质空间环境、历史文化积淀等；关系网络指将企业、供应商和机构紧密连接在一起的社会关系、网络和共同利益（强化了信息的自由流动、增值交换或交易，并促进结盟和合作），包括正式与非正式的关系网络。在城市中心的消费性功能趋于相对稳定与饱和的状态下，服务业尤其是生产性服务业在吸纳就业人口、促进经济增长以及协调工业分散化生产等诸多方面越来越重要；而另一方面，随着流通领域的革命——超市、便利店、连锁店以及各种模式的电子商务的出现，为周边居民提供便利的日常性生活用品和服务，传统城市中心提供商品零售的消费性服务功能均被严重削弱（保田芳昭等，2009）。

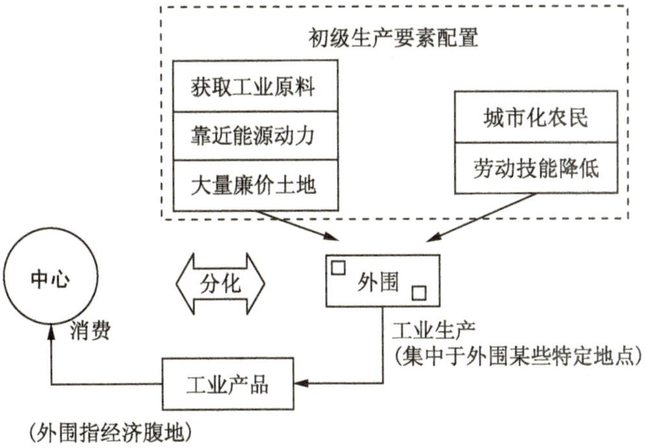

图 2-7　围绕商品机械化生产的分工下：城市中心的消费性功能被强化

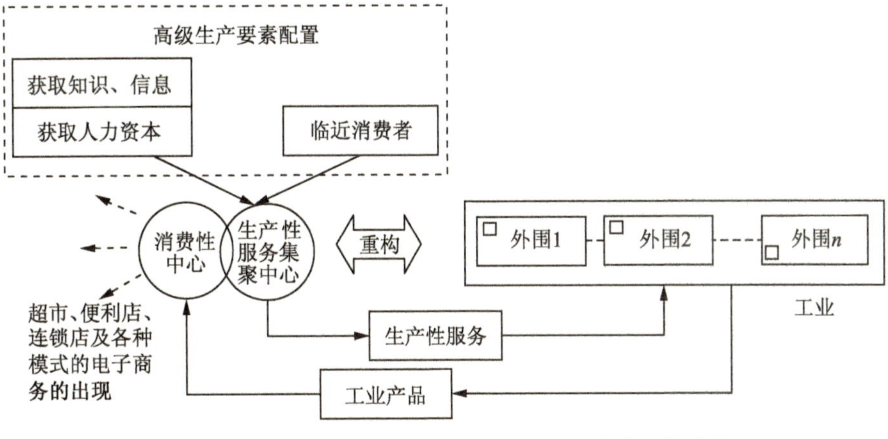

图 2-8　围绕服务生产的分工下：城市中心的生产性服务功能凸显

3）中心网络化趋势明显

知识信息、人力资本等非物质性高级要素频繁流动建构了新的服务中心体系的网络化逻辑。这种网络联系最重要的表现是基于生产性服务公司之间相互联系的一种互补关系。

伦敦密集的全球连通性的首要地点就是伦敦金融城(City of London)的小片人口稠密区和其东临的金丝雀码头(Canary Wharf)，但是信息交流的"蜘蛛网"无声无息地遍布在整个巨型城市区域。……伦敦因此扮演了一个国际性"交汇点"的角色，许多最有价值的知识交流在这里发生。知识和创新不仅产生于网络，同时也通过网络传播。信息和知识通过不同的方式被生产、交换和循环。公司内部及相互之间跨越空间距离的复杂的相互作用，在不同中心之间创造了互补关系(彼得·霍尔等，2010)。

伯格和梅杰斯(Burger et al，2012)的研究指出，生产性服务中心较之传统的消费性城市中心，服务功能的时空范围都发生了显著的拓展，网络(流动)功能日益重要。与消费性中心体系的等级特征相比，生产性服务中心体系在物质空间网络、信息基础设施网络及企业组织网络三个方面呈现出强烈的网络化趋势(表2-4)。

表2-4　消费性中心体系的等级特征与生产性服务中心体系的网络特征

	消费性中心体系的等级特征	生产性服务中心体系的网络特征
微观机制	商品"门槛范围"	服务企业网络→服务中心体系网络
空间体系	空间组织具有向心性，具有自上而下的等级体系	空间组织强调节点性，强调节点间的互补性
组织特征	严格的层级体系	弹性的网络体系
中心规模	具有位序规模分布特征	规模分布更为均衡，各个中心具有专业化的地域职能及分工
空间联系	自上而下的单向的垂直联系	垂直与水平联系共存，多向的、网络化的空间联系
影响因素	交通成本，空间临近	交易成本(交通、信息、组织成本)，可达性
组织效率	组织效率来自集聚经济和地域职能的高级化	组织效率来自网络效应(外部经济)与集聚经济

4）服务的分工程度约束着服务性中心的发展与进一步的分化

对于特定城市或地区，由于城市规模、人力资本积累、外部发展条件等方面的差异，在分工阶段及产业类型上有着相当大的差异。除少数离岸服务中心外，只有当城市发展到一定阶段和规模，分工演进过程中产生大量生产性服务需求，才会出现服务性集聚中心。在服务分工的初期阶段，行业基础、外部发展条件、政策因素等初始条件对服务性中心的形成与区位的选择均有相当大的制约作用；在服务分工发展深化阶段，由于规模报酬递增和本地市场效应，服务性中心可能会进入自我强化的循环累积过程，并不断分化出新的中心；而当服务分工的比较优势(体现在横向、纵向、互补关系三方面)不再存在时，服务性中心可能会衰退或转移。

2.3.2　服务分工视角下的中心职能

1）服务分工促进特定服务类型中心的形成

服务业的分化与多样性特征形成了不同职能类型的服务性城市中心。服务从生产过程中独立出来引发了城市中心新的服务性经济职能。服务生产和消费的天然不可分离性意味着新的城市中心既是提供服务的地方，亦是服务生产的地方。服务产品的无形性特征显著，要求服务提供者与消费者之间频繁接触，提供服务的过程实际上也是服务生产的过程。尽管随着通信、信息技术的发展，服务交易中的双方可以通过不同形式实现互动，但不可分离性没有改变，并且服务的数量和质量均与消费者的行为和感受密切相关（让-克洛德·德劳内等，2011）。

不同的生产性服务行业具有特定的要素组成和技术特征，这在很大程度上影响了服务性中心可集聚的范围与程度。

表 2-5 从产品、经营主体、生产要素、固定投入与沉淀成本、前后向联系等方面总结了四种主要类型的生产性服务的要素组成与技术特征。

（1）金融业：主要生产可流动性强、技术创新快、强调面对面服务的金融产品，产业固定投入和沉淀成本比较高，要素流动性非常强，由于金融产品本身是一个复杂、分工细化的产业，以及各类企业、机构与政府对资金融通需求巨大，因而前后向联系非常显著。

（2）物流业：以贸易商、航运商等提供的货物商品流通服务为主。货物商品的运输成本与可流动性取决于交通运输技术，流动性随技术水平提升而趋强，虽然搬运、装卸等熟练、非熟练劳动构成了物质性运输的重要部分，但仍从属于贸易、航运商的物流资本、航运信息等可流动性强的核心要素。像码头、船舶、运输装卸设备等基础设施成本高，构成了物质性运输重要的固定投入。贸易、航运等服务的前后向联系涉及货物商品的流通地域范围，具有地区性，因此航运信息等核心投入要素，使得物流所能流转及连接的货物流通范围越来越广。

（3）法律、咨询、设计等商务服务业：存在大量的缄默知识和黏性知识，需要更多的面对面交流，知识溢出效应显著。但是服务标准化程度相对于其他生产性服务要低很多。商务服务的前后联系范围广泛，可以涉及所有的生产制造及服务行业总部。

（4）信息技术服务业：主要提供软件、计算机服务等产品。软件与信息服务在各行各业具有广泛的渗透性，前后联系范围广泛，可以涉及所有的生产制造及服务行业总部。软件与信息服务行业标准、信息基础设施构成了信息服务业重要的固定投入与沉淀成本。

表 2-5　不同生产性服务业的生产与技术特征

行业特征	金融业	物流业	商务服务业	信息技术服务业
产品	货币资金融通、金融衍生品等金融工具	商品流通、运输、储藏	会计、法律、咨询、广告等服务产品	软件、计算机服务等产品
经营主体	银行、保险、证券、基金、信托等金融机构	贸易商、运输、贮藏	会计、法律、咨询事务所，广告公司等	软件公司、计算机服务公司等
生产要素	资本、技术、信息、知识型劳动	商品、资本、信息等	技术、信息、知识型劳动等	技术、信息、知识型劳动等
固定投入与沉淀成本	金融企业内外的金融交易系统、金融交易规范	码头、船舶、运输装卸设备、仓库等	行业标准	行业标准、信息基础设施

续表 2-5

行业特征	金融业	物流业	商务服务业	信息技术服务业
前向联系或成本关联	企业、机构、政府等构成的资金需求市场	批发零售商及货品消费者	可以涉及所有的生产制造及服务行业总部	可以涉及所有的生产制造及服务行业总部
后向联系或需求关联	会计、咨询、法律、研发等生产性服务	生产制造商、供货商	可以涉及所有的生产制造及服务行业总部	可以涉及所有的生产制造及服务行业总部

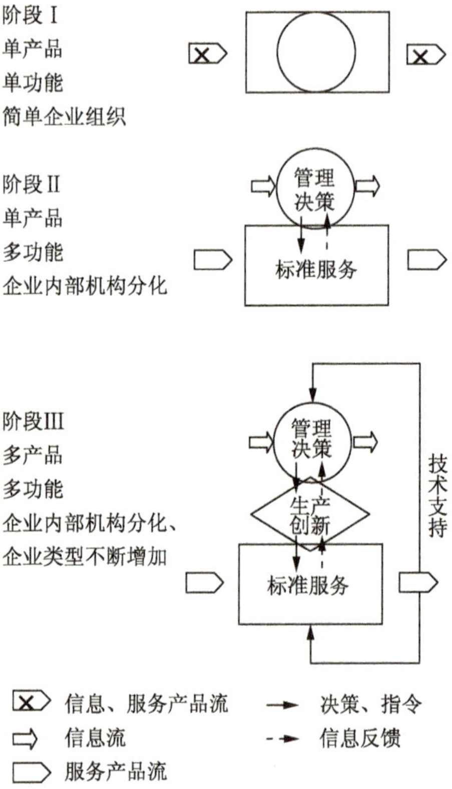

图 2-9　服务分工发展阶段

2）服务分工使得中心在职能上呈现价值区段特征

唐子来、赵渺希（2010）在长三角城市体系演化的研究中，将制造业行业内的价值区段分为管理、研发、销售、生产四个方面。随着分工的演进，服务中间产品可直接定价以及信息化、模块化技术的应用，使得服务流程呈现出“片段化”和功能空间分工（卢锋，2007）。考察服务行业内的价值区段，本书将服务分工发展过程抽象为三个阶段（图 2-9）：阶段Ⅰ，服务功能相对简单，生产单一产品、简单企业组织方式，信息、服务产品流混杂在一起。阶段Ⅱ，一些承担特殊功能的专业化部门建立起来，这些功能的专门化以及不同区位上分支机构的建立，需要更强大的中央控制，由此分离出公司总部。信息流和服务产品流逐渐分离。阶段Ⅲ，服务生产活动走向多样化，生产不同的服务产品，功能继续分化，如企业内部机构分化，将生产创新、技术支持等新功能独立出来，企业类型也更加多元。在服务分工过程中，四种主要服务功能可以辨识出来。

（1）管理决策（服务价值链高端）：以创造知识和战略性的高层管理为主，技术壁垒高，附加值高，以生产传递意会知识和不透明产品为主，在行业中处于主导地位。

（2）生产创新（服务价值链中端）：以传播知识和中层管理为主，提供技术服务，以诊断与提高企业（客户）效率为目标，为企业提供高端定制化的服务产品。其技术壁垒较高，附加值较高，生产传递部分意会知识、可编码知识和半透明产品。

（3）标准服务（服务价值链低端）：以利用知识和低层管理为主，主要提供常规的标准化服务。随着服务分工的进一步深化及模块化的应用，标准化服务产品将会日益增多。其技术壁垒低，附加值低，生产可编码知识和透明产品。

（4）技术支持（为整个服务链提供技术/服务支持）：当服务复杂性不断增加以及空间距离带来的协调和管理要求进一步增加时，技术的支持变得越来越重要。另外，在前台与后台的分离、数据处理、后勤服务及非核心业务的剥离与重新集中中，将会出现更多的支持型服务节点。

随着服务行业内的价值区段分化，每一个环节或者经济职能都可能在区位上独立，即拥有一个相对独立的活动区位，各活动区位之间依靠发达的交通、通信网络紧密联系在一起。服务分工使得这些独立环节集聚形成的服务中心之间具有价值区段特征。因此，生产性服务业集聚形成的多中心可能由以下四种基本功能类型的中心(节点)组成(图 2-10)：

① 管理决策型中心：提供不透明产品/服务，战略性引导创新知识。

② 生产创新型中心：提供半透明产品/服务，创新知识，分享特有的、可传播的隐性知识。

③ 服务型中心(节点)：提供全透明产品/服务，把知识尽可能有效率地应用到实践中。

④ 技术支持型中心(节点)：为整体服务网络提供支持。

前三种类型的中心随着所提供产品/服务的透明程度依次递增，知识、信息、人力资本等交流程度依次递减。知识、信息、人力资本，尤其是不可编码要素的传递范围越来越重要地影响着中心的边界(表 2-6)。

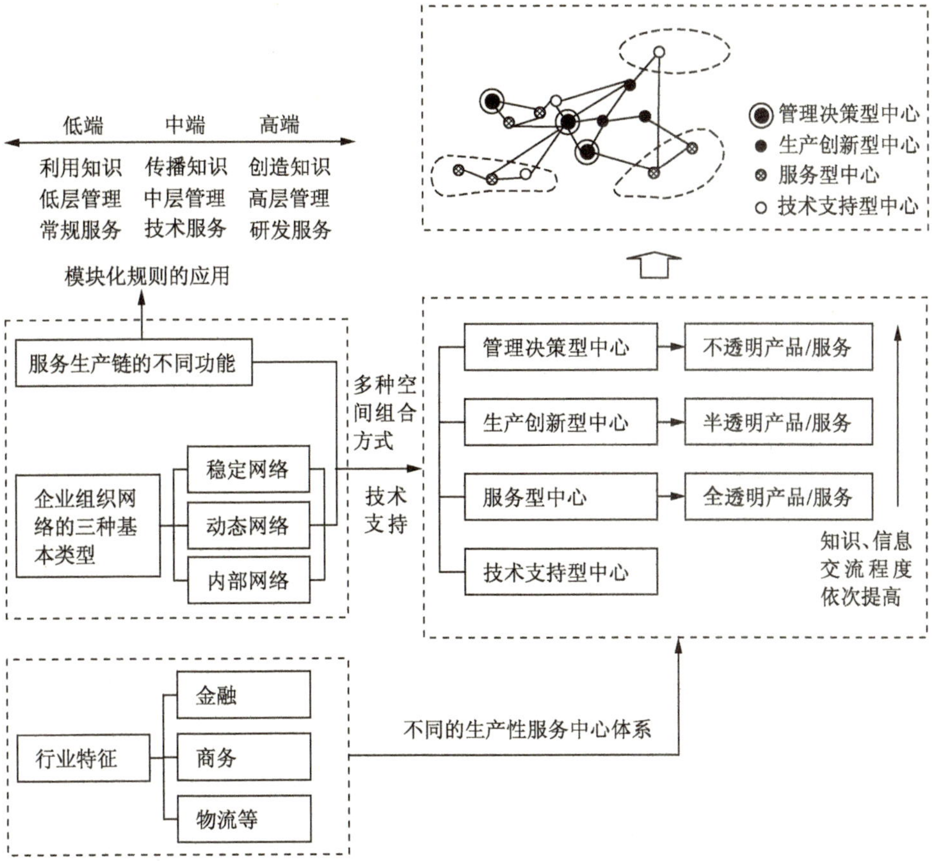

图 2-10　四种基本功能类型的中心

表 2-6　知识资本功能

知识资本功能	知识和能力	关系	信息流	管理方法
利用知识	定义好的显性知识	由层级决定	一维的、自上而下的	命令、权力的直接利用
传播知识	隐藏的、隐性的、经验的	相互的、寻求共识的	多维的、水平的	对话、分权
创造知识	直觉的、潜在的	自发的、丰富的	无序的、零星的	个人联网

2.3.3 服务分工视角下的中心区位

1) 服务分工使得企业集聚的空间偏好进一步差异化

不同类型的产品表现出不同的地理性。服务业与服务对象的互动性程度高，是产品差异化典型的行业(让-克洛德·德劳内等，2011)。不同行业的服务产品生产的要素投入及密集度存在相当大的差异，将同一行业产品进一步细分后发现其具有类似的生产要素，但这些要素仍然被进一步细分，在空间上表现出不同的地理特征：① 靠近政府机构：金融类服务、法律、会计等服务需要靠近政府机构。② 靠近服务对象(客户)：服务业一般都需要靠近服务对象。③ 靠近固定设施：物流行业，港口、机场、运输装卸设备、船舶等基础设施投入的成本高，构成了物流行业重要的固定投入。④ 靠近产业关联：一方面降低产品成本，另一方面知识密集度高的不同服务行业之间通过协作、交流更容易获得知识溢出。

服务价值链的细分进一步扩大了地理差异性。① 管理决策服务的区位要求：方便与其他高层组织的头脑部门面对面接触，要求地理临近性；在交通和通讯网络中处于战略地位，便于组织大都市区范围内的空间分散的部门，便于获取高质量的外部服务及一定数量的高级知识人才。② 生产创新服务的区位要求：临近目标客户，与客户交互反馈，生产量身定制的服务产品；临近同类型企业(机构)，方便企业之间频繁交流，便于获取高质量的外部服务及一定数量的高级知识人才。③ 标准服务的区位要求：临近一般客户；相对灵活，信息技术的发展使其降低对核心企业地理临近性的依赖。④ 技术支持的区位要求相对灵活。

2) 服务分工促进与知识溢出相关的新的中心区位产生

信息成本、劳动力成本及产业关联成本成为当前影响生产性服务业空间集聚最为重要的三个因素。随着20世纪80年代中期开始以克鲁格曼(Krugman，1991)、藤田昌久(Fujita et al，1999)等代表的新经济地理学的兴起，空间集聚研究即引起了高度重视。克鲁格曼指出了源于分工的报酬递增在某种程度上需要借助经济活动在地理上的集中，即通过集聚的这种组织形态来实现[5]。梁琦(2004)在考察产业集聚时，将区位因素分为三类：① 与距离有关的区位因素，包括运输成本、规模经济和希尔默的外在性。② 与需求有关的区位因素，包括地方需求、产品差别化和贸易成本。③ 与知识溢出有关的区位因素。由于服务业本身的无形性及高附加值特征，产品运输成本的影响大大降低，而知识信息、人力资本的影响显著。

(1) 信息成本

人流、物流、资金流、信息流实际上不止在多中心都市区之内，而是像全球化生产链那样伸延至都市区以外，反映着都市区的网络性质。流动产生的价值一方面来源于流动带来的创新，一方面来源于整合。前者流动带来创新的根本原因在于知识的互补性。劳动的分工被异化成为“知识的分离”，这一点很早以前已经被哈耶克指出来(汪丁丁，1997)，反过来说分工和专业化促使知识不断深入。知识在时间和空间上都会发生分离，而流动是促进知识时空互补性最重要的因素之一，如通过主导公司与供应商之间的联系将技术进行转移而得到进一步强化。后者则是通过把不同的参与者和资源整合到一起带来效益。

信息成本可以分为意会信息(X_1)和可编码信息(X_2)两类：① 意会信息成本在空间上是非连续的，在信息源所在地可以获取较低的成本，而一旦超出一定的地理范围，意会信息成本就会非常高。信息在传送过程中会有扭曲和失真现象，传送路径越长，扭曲和失真现象就越多。信息传播并不是即时的、瞬间的，在一段时间范畴内，新知识和新技术只被有限的人们利用时，才具有时空限定性。② 可编码信息，由于距离对于信息传送的失真度小，在空间上的成本相差不多。不同行业在意会信息成本和可编码信息成本在比例上存在差异，其总的信息成本可以表示为$Y=aX_1+bX_2$(图 2-11)。

例如，金融业对政治经济信息源有强烈依赖，靠近行政机构可以获取重要的政治经济信息，进而把握经济预期。企业内部不同区位的企业之间的知识流动，交流成本的降低可以导致距离影响的弱化，使总公司下属各企业能更好地以市场关联而布局，集聚于一地的不同企业之间也能获取较低的意会信息成本。

(2) 劳动力成本

劳动力成本可以分为熟练劳动力成本(X_1)和非熟练劳动力成本(X_2)。从微观个体来看，劳动力是可流动的，但是从宏观层面来看，劳动力成本(专业人员密集度)在空间上存在明显差异。另外，城市的熟练劳动力总量与城市的人才积累密切相关。

① 熟练劳动力成本，即高端专业人员，尤其是金融、法律、会计类高端专业人员需要支付的报酬很高。公司倾向于定位在接近于较大市场的地点、承受较高的工资，而不是定位在离市场较远、到达消费者需要很高成本的地点(梁琦，2004)。较大的市场吸引劳动力流动，正是劳动力的大量流入进一步扩大了市场，从而引起了空间集聚。专业人员密集度的增加对服务业集聚有促进作用。例如，软件业从软件的设计开发到测试和维护都需要大量的人力资本，软件业开发技术的更新换代非常快，软件产品的生命周期也长短不一。专业人员对软件业集聚区位选择的影响至关重要。

② 非熟练劳动力成本，由于城市中心区的房租和消费等更高，通常需要支付相对郊区更高的劳动力报酬。

不同行业需要的熟练劳动力和非熟练劳动力在比例上存在差异，其总的劳动力成本可以表示为$Y=aX_1+bX_2$(图 2-12)。

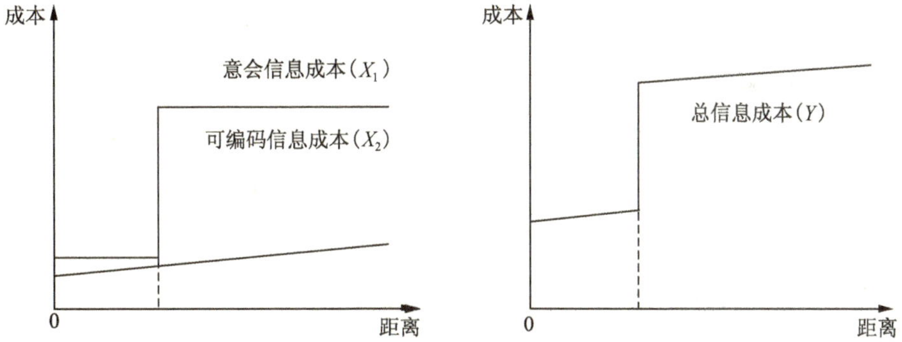

图 2-11　信息成本

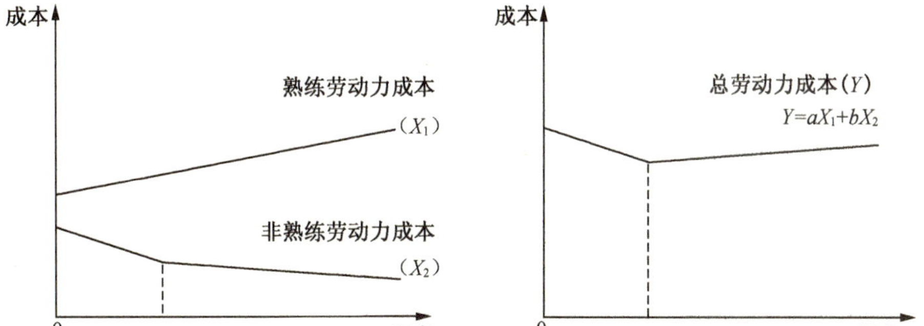

图 2-12　劳动力成本

(3) 产业关联成本

产业关联得以形成，重要的是产业产品的互换、生产要素的流动以及技术进步在产业间的传递(白光润，2009)。产业关联成本包括上游成本(X_1)和下游成本(X_2)，主要针对有上下游关系的服务行业发生作用。下游产业的公司如果定位在已经有相当多的上游产业的企业所在地，它们也将有较低的成本，成本的降低源于中间投入品的易获取性。下游企业可因中间投入品成本较低而获益，上游企业可因进入市场而获益。不同行业需要的上游关联成本和下游关联成本在比例上存在差异，其总的产业关联成本可以表示为 $Y=aX_1+bX_2$(图 2-13)。

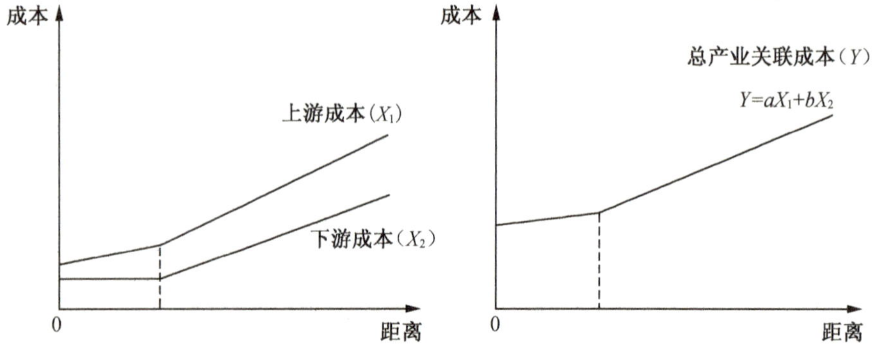

图 2-13　产业关联成本

另外，交通成本仍然是服务企业选址的一个重要因素：① 提供面对面交流需求的更多机会，有利于服务业缄默知识的转移与扩散。② 为劳动力流动提供了便捷的条件，便利的交通基础设施能够降低通勤成本。在城市内部，服务业企业倾向于选择通达性较好的区位，尤其是倾向于选择城市轨道交通沿线的区位，同时也充分考虑靠近机场、火车站这些交通便利的区域(张惠萍，2012)。

3) 服务分工视角下重新认知典型区位的城市中心

基于上述主要区位成本分析，可以将生产性服务业集聚形成的中心(节点)划分为三个空间层次(图 2-14)。

(1) 中央商务区(CBD)：一般来说，CBD 是城市发展基础最好的地区，尽管该地区的地租成本最高，但是在政治经济信息成本、公共交通可达性以及专业人员密集度方面优势显著，通常吸引如金融以及与金融密切相关的经济类法律服务、会计审计服务，抑或是脱离物质运输设施的高端航运服务等生产性服务企业的集聚。

(2) 中心城范围：① 依托于原有副中心基础发展起来的集聚中心，拥有良好的公共交通可达性，地租成本高，有大量的企业客户，部分行业信息成本低，以及有较高的专业人员密集度。通常吸引如咨询、广告等商务服务，部分金融服务，信息技术服务等。② 在新的空间区位发展而来的集聚点，在某特定成本方面具有明显优势，由于发展基础相对薄弱，一般需要经过相当长的时间积累才能达到一定规模。

(3) 大都市范围：① 依托于卫星城中心发展起来的集聚中心，拥有一般的交通可达性，地租成本低，通常吸引中低端的生产性服务企业集聚。② 在特定区位(机场、港口等)集聚形成集聚点，这类集聚点通常受到物流企业的带动影响。③ 新的空间区位，在某些特殊发展机遇下发展起来的集聚点。

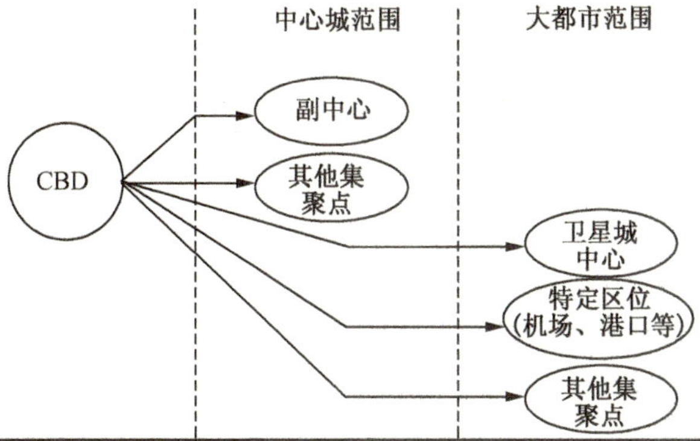

区位成本因素	CBD	中心城区	大都市范围
劳动力成本	熟练劳动力密集度高；非熟练劳动力密集度较高	熟练劳动力密集度较高；非熟练劳动力密集度高	熟练劳动力密集度低；非熟练劳动力密集度较高
信息成本	意会信息成本低；可编码信息成本低	意会信息成本低；可编码信息成本低	意会信息成本高；可编码信息成本低
产业关联成本	上下游成本低	上下游成本较低	上下游成本高
交通成本、地租成本	公共交通可达性高；地租成本高	公共交通可达性较高；地租成本较高	公共交通可达性低；地租成本低

图 2-14　区位成本因素与中心(节点)类型

2.3.4　服务分工视角下的中心间关联

1) 新型企业组织方式构成了中心间关联的微观基础

服务分工推动新型企业组织方式的出现，这些多元化的企业组织方式使中心间产生相对稳定的关联性，通过职能分工与互补来获取整体的外部规模经济与范围经济。

企业组织网络产生相对稳定的关联性，这种关联性日益由非物质性联系构成，如社会的、技术的、逻辑的、管理的、信息的、法律的等等。这些日益增强的“非物质联系”扎根于本地化的社会关系之中，相互锁定，相互依赖，并可能发生重合，正是这些相互锁定将中心联系在一起。相互锁定有强弱之分，在网络中，强的相互锁定使网络结构更加稳定和难以移动，而弱的相互锁定使网络结构相对松散。卡马尼和卡佩罗(Camagni et al，2004)认为这种网络关系提供了专业化分工的经济性以及协作、整合与创新的外部性，通过职能分工与互补来获取整体的外部规模经济与范围经济。另外，既有产业基础对组织网络的重要性在于，作为历史发展沉淀下来的产业发展基础可以作为既往固定投入的成果，成熟的产业发展设施、技术积累、人力资源储备、法律框架与商业规范等软件设施，可以为后续产业集聚节约新的资金投入，从而有助于收益递增效应的实现。

2) 企业跨地域组织使得网络化中心体系中的个别中心不断极化

企业跨地域组织使得网络化中心体系中的个别中心不断极化，进一步聚集更高端的经济职能(如跨国金融、研发等)，并赋予城市中心更大范围的资源控制和调配能力。

生产性服务企业跨地域组织是服务分工发展到一定阶段的产物⑥，是一定形式和程度的服务(产品)在更广泛的地域空间分布的表现与反映。企业的跨地域组织推动了生产要素在更大时空范围内的流动。在现实世界不完全市场竞争条件下,由于各国或地区的市场经济体制存在相当大的差异,通过企业的跨地域组织能够消除部分贸易壁垒⑦,促进商品、服务、劳动力、资本等要素的流动。

与制造企业以资本流和产品贸易形式将全球经济联系起来不同,服务企业主要是通过信息、服务、模式、文化与管理经验等链接母国与东道国经济(贺灿飞等,2012)。以跨国公司为主导的跨地域组织——地区总部、研发机构以及投资机构的集聚促进了城市中心的服务能级和竞争力的提升。

(1) 地区总部通过协调控制企业关联单位(制造部门、销售部门等)的活动,协调并整合母公司在一个区域内的行动,进而强化集聚中心的"控制力"。

(2) 研发机构尽管把核心技术或战略计划保留在母国,但是应用到本地市场中所发生的技术扩散,促进了服务中心的技术提升。

(3) 投资机构通过直接投资影响当地的服务经济。根据已有的数据和可观察到的情况发现,与金融相关的服务业(银行、保险和其他金融业)和与贸易相关的服务业(批发和零售以及相关的市场营销)的对外直接投资,在整个服务业对外直接投资中占据优势地位。无论是发达国家还是发展中国家,与金融和贸易相关的服务业在流入或流出总存量中的所占份额通常在40%左右(陈宪等,2011)。

注释

① 早在20世纪60年代中期,福特主义内部似乎就存在着各种严重问题的迹象。西欧和日本的复苏已经完成,它们的国内市场已经饱和、国际竞争加剧,因为西欧和日本,加上大批新近工业化的国家,在福特主义内部向美国的霸权挑战,达到了"布雷顿伍兹协议"破裂和美元贬值的地步。1965—1973年的这个时期,是一个福特主义和凯恩斯主义没有能力遏制资本主义固有的各种矛盾变得越来越明显的时期(Harvey,1989)。

② B2B是指企业与企业之间通过专用网络或互联网进行数据信息的交换、传递,开展交易活动的商业模式。

③ 稳定网络,指的是"一个大型核心企业创立的、基于市场联系的,包括数量有限的上下游合作伙伴的网络",参与合作的伙伴也向网络外的组织提供服务,以有助于它们保持竞争力;动态网络,即"同一价值链上众多潜在合作伙伴的独立业务要素形成的临时联盟"。动态网络常见于产品(服务)生命周期相对灵活、较短的行业;内部网络,即"组织的内部单位之间按照外部市场的价格购买和销售的产品及服务"(Miles et al,1992)。

④ 1907年,在巴尔的摩由布顿(E. Bouton)建造了一组商店,门前留有供马车停车的停车场,被认为是最早的购物中心的雏形。这样的超市和邮购商店最早在城郊结合部出现,因为这里地价便宜,商业建筑面积大,而且有足够的停车用地。由于当时缺乏规划管理,这些建筑的形式、规模和质量五花八门,十分混乱。这些建筑通常有30—50 m的进深,形式单一,往往位于高速公路附近,非常便于开车到达。

⑤ 第一,集聚具有累积循环作用。集聚一旦形成,将会产生自我强化的需求关联和成本关联的累积循环作用。知识和资本这两项生产要素,都可以通过集聚而强化其优势。第二,集聚可以降低运输成本和交易费用。集聚可以促进交通运输效率的提高,这不仅能使集聚企业减少运输费用,更能有效降低时间成本(包括厂商与消费者、供应商的日常联系及公司内部会议等)。第三,集聚可以获得外部性。集聚的外部性体现在三个方面:信息外溢、专业化投入的可得性和提供专业技术工人的劳动力市场共享(Krugman,1991)。

⑥ 实际上,服务跨地域发展的雏形早在15世纪就已经存在,威尼斯、阿姆斯特丹、安特卫普、热那亚等商业城市出现了人类历史上早期的贸易商行、信用和银行组织。但是直到20世纪70年代,在服务生产和商品生产之间的相互作用日益增强、网络和通信技术的迅速发展以及国际政治经济环境的变化下,服务企业跨地域组织才真正开始迅猛发展起来(贺灿飞等,2012)。

⑦ 区域经济一体化理论将产品和要素流动的动态过程区分为特惠关税协议、关税同盟、自由贸易区等六种形态。

3　基于不同生产性服务业的多中心分析

相对简单的劳动分工已不复存在。它被一个更加复杂、多重层次的结构所替代……也许可以更好地表述为“持续流动中的不均匀的马赛克”。而这一马赛克是由运营在诸多处于不同的，但又相互依赖的空间尺度的经济活动所组成的，并由它们体现出来。

——(英)彼得·迪肯《全球性转变：重塑21世纪的全球经济地图》

尽管上一章论述了服务分工对多中心影响的一般规律，但由于不同的生产性服务业存在相当大的异质性，这些经济活动联系在空间上相互交织、相互叠加，形成了差异性较大的不同类型中心，将生产性服务业作为一个整体讨论难以深入解释不同中心的空间内涵。本章将从具体行业的角度，以金融、商务、信息技术和物流四大类生产性服务业为例，进一步解析分工趋势下特定功能的分离与重新集聚对中心的影响，最终通过不同行业类型的空间叠合进一步讨论多中心的内部结构和功能特征。

本章强调不同生产性服务行业存在各自的多中心网络。在各自的多中心网络中，中心(节点)遵循“互动联系”逻辑并通过多样化的合作来实现服务供给；更广泛的经济活动联系(如产业关联、联合工作、竞争合作等)使得不同生产性服务行业所形成的中心在空间上存在重叠，出现服务功能复合型中心。这种多中心网络既是动态的，又保持着相对的稳定性。研究目的并非推导城市多中心发展的一般模式或具体的空间区位(每个城市都有自身的演化路径，服务业的发展更是千差万别)，而是强调服务分工趋势下，趋同的是一系列特定功能的引入和发展，以及这些功能对城市直接和间接的影响。

3.1 基于金融服务分工的分析

金融业在所有的经济部门运作中都处于最核心的地位，相比一般生产性服务业具有更高的集聚度(Dunning，1971)，且金融业集聚呈现的多中心更接近于传统意义上的城市多中心。在大都市区范围内，金融机构层级相对明确，通过剖析金融服务链和对应金融机构的空间关系，更容易判断和识别多中心的职能和类型。

3.1.1 金融的服务分工历程

1) 发展历程

早在9世纪，货币作为金融资源基本形态(交换和储藏功能)的出现，使商品交易行为突破了物质形态和时空限制，促进了商品交易行为的进一步扩大。15世纪以来，以银行为代表的专业金融机构的出现，加速了资本的集中，为资本资源的产生、运营创造了条件。17世纪以后，规避资本风险的需求使得保险机构不断出现。另外，为了满足大规模生产所需要的巨额资本，而不引起因资本规模扩大而造成交易费用的增加，金融分工又出现了信用的证券化，以及以股票为载体的直接融资形式，分化出专门从事股票交易的场所和各种投资中介，如股票市场及股票交易专业化组织。这使得资本资源物质形态的使用价值与虚拟形态的交易价值两相分离，虚拟的交易活动得以单独进行。20世纪70年代以来，金融衍生产品交易出现，据统计，全球金融衍生品的交易规模已从1976年不足金融交易总额的1%，急剧上升到21世纪以来(美国次贷危机爆发前)的80%以上(项俊波，2006)。伦敦金融城、纽约曼哈顿金融城等拥有全球最发达的衍生品场外交易市场(OTC)的顶端金融中心，掌控着全球金融衍生品交易的主要份额，见图3-1。

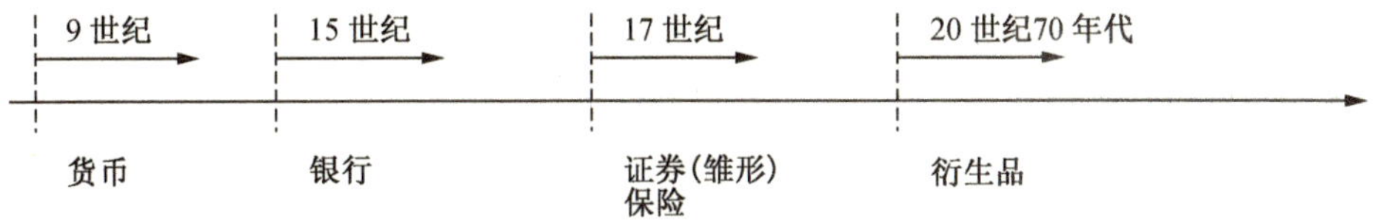

图 3-1 金融发展历程

2）基本门类

（1）银行：通过存款、贷款、汇兑、储蓄等业务，承担信用中介的金融机构。现代银行结构非常繁杂，主要有政府银行、私营银行，股份银行、独资银行，全国性银行、地方性银行、全能性银行、专业性银行，企业性银行、互助合作银行等。按职能可划分为中央银行、商业银行、投资银行、储蓄银行和其他专业信用机构。它们构成以中央银行为中心、股份商业银行为主体、各类银行并存的现代银行体系。

（2）证券：主要指证券市场中的证券产品，其中包括产权市场产品（如股票），债权市场产品（如债券），衍生市场产品（如股票期货、期权和利率期货、期权）等。

（3）保险：作为一种金融产品，同样具有资金融通的功能，将闲置的保险资金用于再投资，提高资金利用率。

3.1.2 功能分化与企业类型变化

考察商业银行、证券及保险三种主要类型的金融服务生产过程（图 3-2），并将其进一步整理，可以辨识出四种主要的金融功能：① 金融管理决策功能。其主要指金融经营决策、信用资产审批、组织管理分支机构等行为，一般由金融机构总部完成。② 金融产品定制和创新功能。其分为两类：一类是金融机构之间围绕信息生产并使其增值的活动；另外一类是金融机构针对大客户开展的量身定制的金融服务及创新活动。③ 金融传统的服务功能。该功能由金融终端服务机构，即银行支行及以下、证券公司营业部及保险公司营业部等营业网点式金融机构，开展吸存放贷、代理买卖证券、保险分销等活动。④ 金融技术支持功能。如数据处理、资金清算、信息技术支持等业务，属于非核心业务，目前越来越多地被采用外包等形式与核心业务相脱离（图 3-3）。

金融服务在价值链上分工细化是主要趋势，出现了以下几种功能分离与再集中趋势：

（1）"后台"业务分离与重新集中。自 20 世纪 50 年代末开始，银行、保险公司以及其他金融机构就开始大范围应用计算机，"后台"业务分离与重新集中（Dicken，2003）。

银行运用新技术手段管理后台，将数据处理从支行中分离并集中起来。例如，英国劳埃德信托储蓄银行（TSB）集团宣布了一项使服务效率化的决定……裁员 3 000 人，将计算机操作和大规模数据处理工作进行集中整合，将后台处理工作从所有支行中彻底分离……荷兰银行则宣布其正在与至少三家欧洲银行进行谈判以便实现后台联合（彼得·迪肯，2007）。

（2）高技术性（生产创新）部门的分离与重新集中。一些高技术性部门也开始从总部分离，并作为相对独立的部门，重新在空间上选址。这些外包业务主要由集团内的机构承包，部分由外部专业机构承包（表 3-1）。

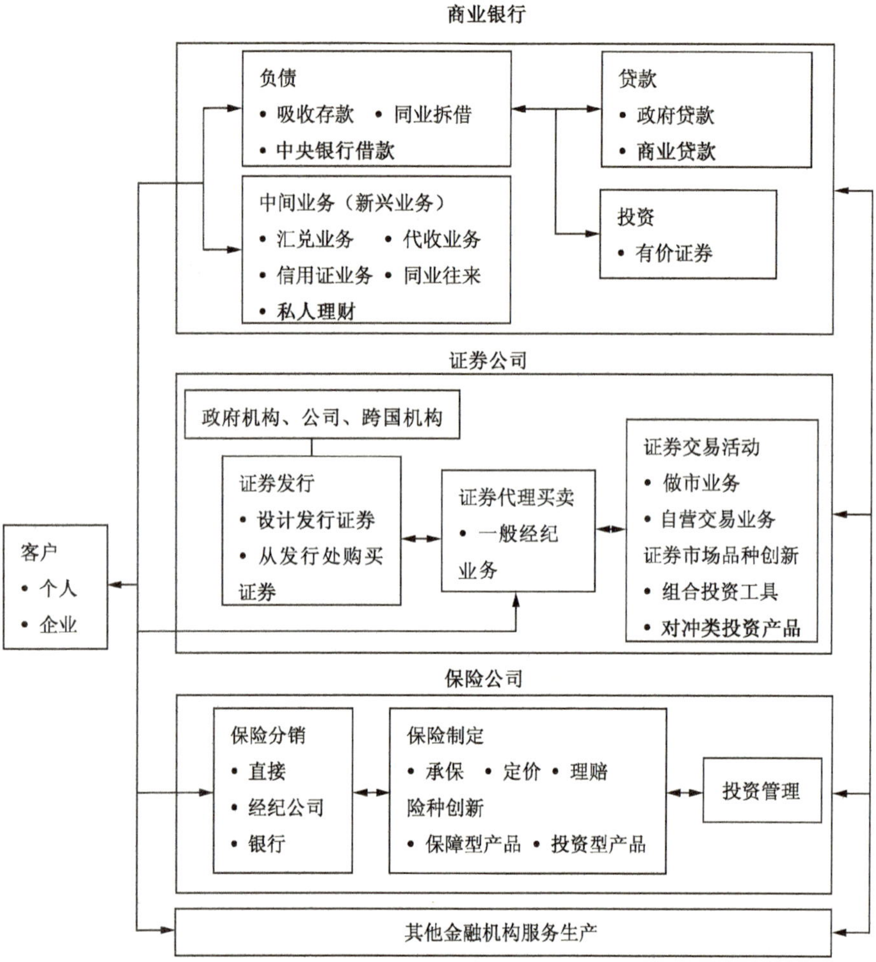

图 3-2　金融服务链

	标准服务	生产创新	管理决策	
银行	传统的吸存放贷	银行产品创新	经营决策、信用资产审批、组织管理分支机构	利润
保险	保险分销	保险制定:承包、定价、理赔 险种创新:保障型产品、投资型产品	经营决策、投资管理、组织管理分支机构	
证券	代理买卖证券	证券市场品种创新:组合投资工具、对冲类投资	经营决策、投资管理	
	技术支持			

图 3-3　四种主要的金融服务功能

表 3-1 金融服务部分外包市场结构

服务项目	发包方	承包方	
		集团内机构	外部专业机构
运营过程	金融机构	—	战略合作企业:软硬件运营、管理等全方位信息技术(IT)服务
银行卡	银行机构	银行卡中心:银行卡研发设计、管理、营销等	专业服务企业:银行卡营销等
保险业务	保险机构	定损理赔中心:现场勘查、调查取证、理赔鉴定等	专业保险代理企业:保险代理、营销、客服等
市场研究	金融机构	内部研究机构:金融市场研究分析、信息咨询等	专业市场研究企业:行业研究、信息咨询、市场调查等
金融会计服务	金融机构	清算中心:款项汇划、资金清算、账务处理等	专业数据处理企业:基础数据处理、账务信息管理等

外包的内容已从最初的基础性文书业务、数据录入等相对简单的业务领域,发展到了运营过程、银行卡业务、定损理赔、信息技术、清算业务、信息咨询等综合化、多元化的领域(花桥金融外包研究中心,2009)。

(3) 新的专业化金融服务公司出现。金融管制领域的放松,使得大量新的专业化金融服务公司相继出现并在空间上集聚,如信托投资公司、企业集团财务公司、汽车金融公司、金融租赁公司等。

财务公司在金融市场中参与的经营活动日趋活跃,主要分为三类:结算、投资和融资。结算类:随着集团对财务公司的资金管理要求越来越高,大部分财务公司都开始借助银行结算网络搭建集团内的资金结算平台,加强对集团成员单位资金收与付的管理。投资类:财务公司的投资受到监管部门指标的严格限制,虽然也可以投资二级市场,参与银行等金融机构的股权投资,但已经越来越强调为集团内部服务,财务公司的资金首先要为集团内部的资金需求解决问题,同时也越来越强调安全性。银行存款、国债央行票据以及固定收益类型的理财产品是当前市场中大部分财务公司的主要需要。融资类:信贷资产转让业务(包括买断出让和回购出让)、拆借、票据融资、发行金融债是其企业财务公司的主要融资方式。

另外,财务公司也利用其集团背景牵头本集团项目的银团贷款、承销集团企业债券,也为集团内部提供咨询、委托贷款、代开保函业务等(吴晓灵,2008)。

3.1.3 区位成本因素

既有研究表明,信息成本、劳动力成本、产业关联成本等是影响生产性服务业空间集聚最为重要的几种区位成本因素(Coffey et al,1991;Dicken 2003;梁琦,2004)。由于不同空间区位的成本差异普遍存在,承载特定功能的微观服务企业倾向于选择利润最大、总成本低的空间区位。对于金融业来说,不同价值区段所对应的金融企业的区位成本因素存在明显差异。

(1) 首先,对于管理决策功能所对应的金融企业来说,各种信息成本最为重要。搜集、获取政府政策信息、市场变化信息、同行业竞争对手信息、本行业各部门信息,能够为管理决策提供重要依据(肖沂,2008)。其次,获取专业人才也非常重要。金融机构所需的人才涵盖不同领域，如果一个地区同时具备各种类型的人才，拥有丰富的人力资源，对金融产业的发展将产生巨大的推动作用，从而吸引更多的金融机构集聚于该区域（Laulajainen，1998）。再次，法律、会计、审计等外部投入获取对金融管理决策功能也较为重要。

（2）对于生产创新功能所对应的金融企业来说，需要面向客户进行高端定制化生产金融产品，因此具备良好面对面交流沟通能力和扎实专业知识的研发人员非常重要，比如证券公司、基金公司、期货公司等领域的专业人才。

（3）对于提供技术支持的金融企业来说，能够熟练运用与管理计算机系统进行数据处理的专业技术人才，以及处理金融领域日常财务管理等方面的相关人才非常重要。同时靠近有一定技术基础的区位，能够降低相关成本。

3.1.4 对中心的影响

金融传统服务功能（由金融终端服务机构提供）按照市场规模进行分布的空间覆盖面广，除在中心城区、卫星城（新城）中心提供低端金融标准化服务外，金融服务随着服务价值链的细分，在空间上还呈现出典型的服务价值区段特征（表 3-2）。

（1）金融管理决策功能进一步趋向中央商务区集聚

金融所需的信息源主要发生于监管机构、政府部门和金融同业机构。从某种程度上来说，信息的质量与流量决定着金融市场活动的活跃程度，影响着金融集聚的速度（Laulajainen，1998）。为了获取政治经济信息和高质量法律、会计等外部服务，承担管理决策功能（包括控制风险、授信评审、资产监控、分行放款等）的金融机构通常高度集聚于中央商务区（CBD）。同时便于其在交通和通讯网络中处于战略地位，在城市或更大空间范围内组织金融分支机构。

（2）金融产品创新功能临近企业客户和高端劳动力市场的成熟地区

金融产品创新功能需要面向市场，以客户为中心，快速适应灵活多变的市场需求。这就要求组织具有较高的管理效率，能够有效减少管理过程中的环节，加快产品创新的决策过程。越来越多的银行趋向于采用事业部制，将专业化的职能部门普遍分离出来，如金融市场部负责公司客户的现金管理和财富管理；贸易金融部负责客户在贸易融资和国际结算方面的业务开发和维护。

（3）金融技术支持功能的空间选址灵活性高

技术支持和金融后台服务，如数据处理、资金清算、信息技术支持等业务，属于非核心业务，目前越来越多地被采用外包等形式与核心业务脱离。同时，信息技术发展降低了其对核心企业的地理临近依赖性，在大都市范围选址方面具有更高的灵活性。

另外，上述各类功能之间的业务关联使得不同集聚中心（节点）之间产生了大量新的经济活动联系（图 3-4），本书将其概括为以下三种联系：

表 3-2 基于金融服务分工的多中心特征

中心（节点）空间类型		金融服务功能	所对应的金融机构类型	在网络中的地位
CBD		管理决策	总行或本地分行	主导
中心城区	副中心或其他集聚点	生产创新	资产营业部、外汇营业部等	协作
大都市范围	卫星城中心	标准服务	支行及下属分支机构	从属
	其他集聚点	技术支持	信息技术管理部、电子银行部等	从属、依附

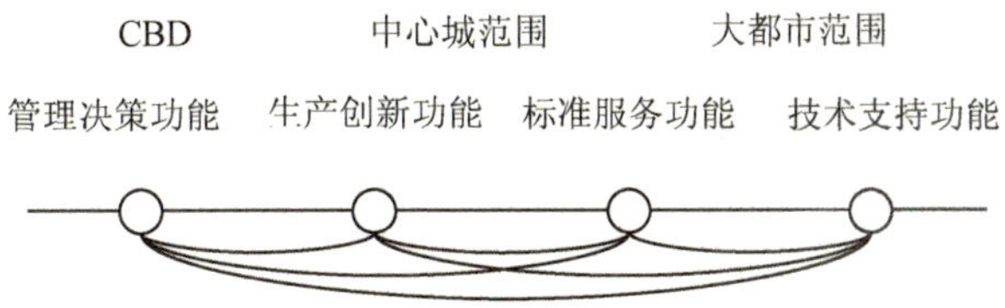

图 3-4 中心间新的关联

① 管理层级关系。管理决策与传统标准服务之间存在上下层级关系，由总行发出指令和制定政策，支行和分行等服务节点执行指令。

② 战略协作关系。管理决策与生产创新功能之间或不同的生产创新功能之间通常存在一定的战略协作关系。为协调政府、企业、金融机构之间的经济利益关系，应对市场的变化做出及时响应，不同的银行（金融机构）之间必须进行面对面的交流和沟通，制定出相应的人才战略、市场战略、产品创新战略、风险战略等发展方案，将风险和压力降到最小（刘辉等，2013）。另外，一些简单协作关系也非常常见，如保险、证券通过与银行客户共享客户资源或各种渠道资源，推动交叉销售，保荐承销等业务发展。又如专业银行因共同经济利益的竞争、保险公司之间的竞争、银行因公司企业及巨大基础设施建设巨额资金上的合作、不同类型银行与保险及银行与证券之间在业务上所形成的既竞争又合作的关系等（图 3-5）。

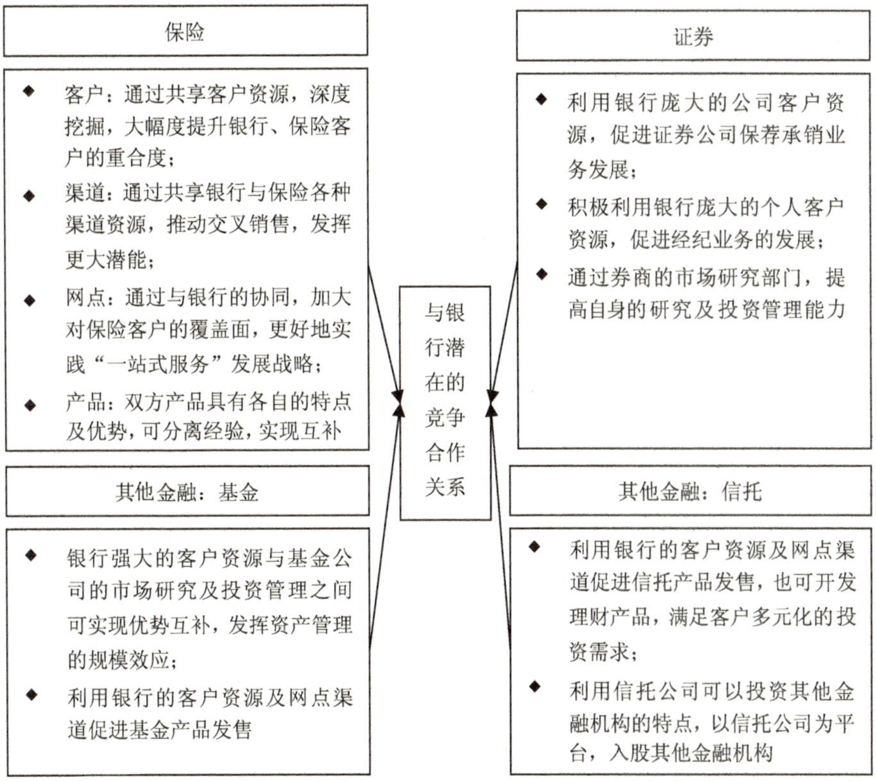

图 3-5 银行与保险、证券、其他金融机构的竞争合作关系

③ 业务从属关系。20 世纪 90 年代以来，大量银行和金融企业的后台支持功能迁出了中心城区。金融后台支持业务依附从属于 CBD、副中心的金融服务。

3.2 基于商务服务分工的分析

商务服务业是属于“定制化”程度相对高的人力资本密集行业，包括会计、法律服务、咨询与调查、广告业、职业中介服务等行业，其外延范围目前仍在不断拓展和延伸。基于其所服务的客户本身的特征及其需求的千差万别，商务服务企业所提供的服务产品也具有较大的差异性，本书主要关注会计、法律、广告、咨询四类商务服务。

3.2.1 商务的服务分工历程

1) 发展历程

随着 18 世纪末工业革命所带来的生产社会化程度不断提高，催生了会计、经济法、广告等现代商务服务的出现：① 股份制公司的相继涌现，所有权和经营权的分离，均对现代会计的发展产生了重大影响，产生了核查经理人员履职情况的需要；② 西方国家现代经济法的发展过程实际上是资本主义从自由竞争发展到垄断时期，为了维护自由竞争的市场秩序不断调整、完善法律关系的过程；③ 现代广告服务的蓬勃发展与大规模生产下商品的推销密切相关。

20 世纪 70 年代后随着经济全球化，商务服务领域发生了一系列重大变革：① 管理会计与财务(审计)会计的分离。为了适应证券市场发展的需要，企业的会计工作规范化，提高了会计信息的真实性和可比性，现代会计逐渐分化为管理会计和财务会计。信贷业务的开展，促使审计企业的偿债能力成为不可缺少的一环，出现了以查账为职业的特许或注册会计师。② 经济类法律服务(尤其是跨国服务)日益重要。资本的流动带动了跨国界的企业流、物流、人流、技术流、信息流等一系列经济要素的流动，引发了大量的国际法律服务需求，促进了法律服务市场的进一步发展。③ 媒体形态的演变及信息技术的应用，广告服务新业务类型不断拓展。广告的发展依赖于媒介发展，媒体形态的演变在一定程度上影响了广告的发展方向，并对广告服务发展具有一定的推动作用(图 3-6)。

2) 基本门类

(1) 会计

会计服务是确认、计量以及传递经济信息的过程，信息的使用者根据所获得的信息进行判断和决策[①]。2001 年 3 月，国际会计准则理事会(IASB)成立，总部位于伦敦，是一个独立的会计准则制定机构。其下属机构国际会计准则委员会(IASC)制定国际财务报告准则(IFRS)。国际审计准则对于跨国公司来说特别重要，因为它们需要在世界范围内连续一致的

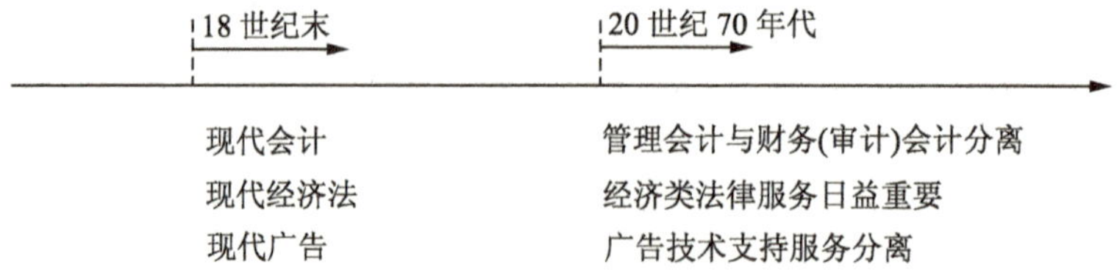

图 3-6 商务服务发展历程

进行审计。投资者不断提高对企业会计信息质量专业评价的要求，客观上需要注册会计师跟踪企业全球化的经济活动，提供审计鉴证服务。2005 年以来，世界上越来越多的国家开始采用国际财务报表准则，会计服务的全球化日趋明显。

会计服务产品又可以细分为管理会计（内部会计）和财务会计（外部会计）[②]（表 3-3）。

图 3-7 表示了会计服务链。首先是识别利益相关者，评价不同利益相关者的信息需求，并设计会计系统来满足这些需求，最后设计会计信息系统，记录有关企业活动和事项的经济数据，并根据利益相关者的信息需求向他们提供企业报告。

（2）法律

法律服务是为法人或自然人保障自己的正当权益，提高经济效益，排除不法侵害，防范法律风险等提供的法律咨询、建议及代理等服务。法律服务市场的发达程度通常与一国的政治法律制度、经济状况、文化传统等密切相关（史建三等，2010）。

按律师业务服务对象是否为经济事务的标准，可以分为经济类和非经济类法律服务。不同规模的法律服务机构提供的法律服务产品有一定的差异，大型律师事务所是面向各类经济组织、高收入阶层的具有相当规模、经营规范的法律服务机构，主要办理涉外及一些复杂的法律业务；小型律师事务所是面向中小企业、中低收入阶层的法律服务机构，主要办理一般法律业务；社区法律援助是面对特殊贫困阶层和弱势群体的法律援助机构。

表 3-3　会计产品细分

	管理会计	财务会计
主要使用者	内部——企业管理者	外部——投资者、债权人和政府主管部门
提供信息的目的	帮助管理者进行计划和控制	帮助投资者、债权人做出投资、借款或其他决定
报告类型	内部报告，不受一般公认会计原则的限制，由成本效益分析决定	受一般公认会计原则限制，并需注册会计师（CPA）审计
时间取向	注重提供未来事件的相关信息	记录和报告历史信息
信息范围	基于具体信息做出内部评估和决策	提供企业整体信息

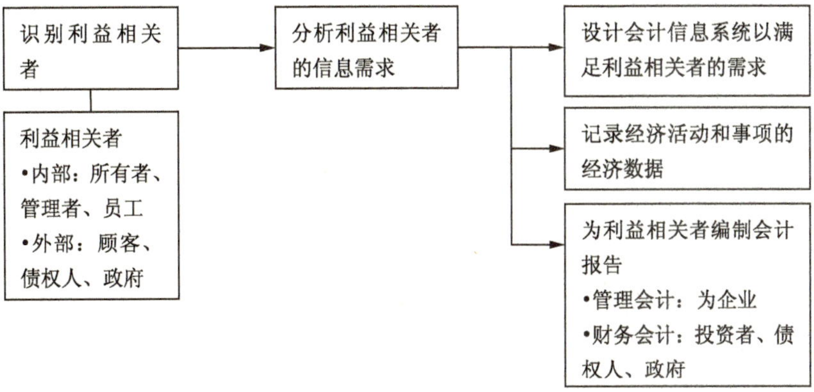

图 3-7　会计服务链

(3) 广告

广告服务是为委托人设计和制作广告方案，并代理委托人与媒体接触，将广告在媒体上付费发布(图 3-8)。此外，广告业还包括相关辅助、配套和外围产业。例如，处于广告策划和设计业务流程之前的市场调研公司、数据供应商、企业管理和营销咨询公司，媒体广告监测和效果评估机构，等等，以及处于广告设计之后的输出、制作、印刷，甚至广告媒体的设备、材料、技术等公司。所有这些构成了比较庞大和繁杂的广告产业体系。

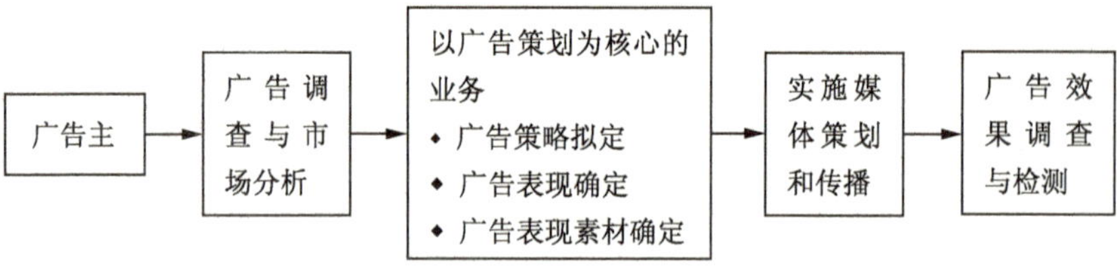

图 3-8　广告服务链

(4) 咨询

咨询服务是运用各种专业知识，为企业设计、制定相配套的解决方案，提供战略开发、企业融资、经营运作、组织架构、风险管理、营销/销售与渠道等服务。咨询服务的基本流程是，明确客户委托项目的意图、目标，调查研究，设计方案，对各方案进行分析评估，与客户交换意见，沟通思想，最后提出正式咨询报告。

3.2.2 功能分化与企业类型变化

(1) 法律服务于经济的比重越来越高。2009 年，伦敦和纽约的律师从事公司和金融法律业务的收入比重达到行业总收入的 39%，争端解决仅占 28%，其他占到 33%。考虑到公司和金融并不是构成经济的全部成分，并且在争端解决与其他业务中也具有经济成分，可以估计经济成分至少已经占据了伦敦和纽约律师业务收入的半壁江山，随着经济全球化的进一步推进，这个比重只会越来越高(史建三等，2010)。

(2) 复杂商务服务(尤其是跨国事务)不断增加，商务服务企业趋向规模化。资本的流动带动了跨国界的企业流、物流、人流、技术流等一系列经济要素的流动，引发了大量国际法律服务以及在世界范围内连续一致进行审计的会计、审计服务的需求。商务服务日趋复杂，同时为了应对日趋激烈的竞争，商务服务企业通过并购、重组、联盟等方式来增强实力，表现出规模化经营的趋势。例如，全球四大会计师事务所之一的普华永道会计事务所是由英国的普华和永道两家会计事务所于 1998 年合并组建；安永咨询于 2000 年被法国凯捷集团并购。企业规模化使行业集中度不断提高，目前世界六大管理与市场咨询服务大公司(IBM 咨询公司、毕博咨询公司、凯捷咨询公司、德勤咨询公司、埃森哲咨询公司和麦肯锡咨询公司)的收入占全球管理与市场咨询服务总市值的 80%以上；全球六大广告集团[奥姆尼康集团、WPP 集团、埃培智(Interpublic)集团、阳狮集团、电通集团以及哈瓦斯集团]的业务量占全球广告市场总份额的 65%以上(赵弘等，2010)。

(3) 技术支持对广告服务日益重要。由于大型广告的专业制作设备投资较大、操作技术要求较高以及户外广告发布权利受到各种限制，很多广告公司将设计制作委托给专业技术服务公司，如数字动画制作公司等。

3.2.3 区位成本因素

影响商务服务企业的区位成本因素主要有以下两个方面：

(1) 对熟练劳动力成本的依赖。法律和会计服务对专业人才，尤其是精通国际规则的人才高度依赖。在2007年全球律师排名前10位的律师事务所中，海外律师数量基本都超过了50%(表3-4)。

(2) 服务对象导向。商务服务的提供与实现过程中的一个显著特点是企业与客户之间存在强烈的互动，客户积极参与到解决方案的分析、设计、实施的整个过程中(Tether et al, 2001)。

表3-4 2007年全球律师事务所律师数量排名前10名

排名	公司	律师人数(人)	海外公司数(家)	海外律师数占比(%)
1	贝克·麦坚时国际律师事务所(美国)[Baker & McKenzie International (U. S.)]	3 626	38	82
2	高伟绅律师事务所(英国)[Clifford Chance International (U . K.)]	2 828	21	65
3	年利达律师事务所(英国)[(Linklaters International (U. K.)]	2 448	30	62
4	众达律师事务所(美国)[Jones Day National (U. S.)]	2 204	14	27
5	欧华律师事务所(英国)[DLA Piper International (U. K.)]	2 174	25	51
6	安理国际法律事务所(英国)[Allen & Overy International (U . K.)]	2 131	21	59
7	富而德律师事务所(英国)[Freshfields Bruckhaus Deringer International (U. K.)]	2 127	17	67
8	瑞生律师事务所(美国)[Latham & Watkins National (U . S.)]	1 979	11	24
9	伟凯律师事务所(美国)[White & Case International (U . S.)]	1 971	25	66
10	世达律师事务所(美国)[Skadden , Arps , Slate, Meagher & Flom National(U . S.)]	1 941	12	16

3.2.4 对中心的影响

相比其他生产性服务企业，商务服务企业有两个较明显的特征：一是高度依赖于专业人员(尤其是法律、会计服务)；二是在城市层面只设少量分支机构甚至不设分支机构③。商务服务企业作为企业发展中间投入的关键环节，更多聚集在中心城，呈现相对扁平化的特征。另外一些商务服务功能由于为特定服务对象提供定向服务，会跟随生产企业分散在大都市范围其他地区甚至更远的地方(表3-5)。

(1) 商务生产创新功能大量集中在中心城(临近企业客户)

作为知识密集型产业，商务服务企业几乎不需要生产设备、生产场地、中间消耗品等在传统企业中属于资金占用大项的开支，其生产成本主要来自员工报酬。因此，商务服务更多地需要考虑熟练劳动力成本和意会信息成本(便于面对面交流)，而中心城能够提供良好的生活服务和交通配套，通常集聚了大量的高端人才。所以商务服务很难脱离中心城生存。

表 3-5　基于商务服务分工的多中心特征

空间类型		商务服务功能	对应商务企业类型	在网络中的地位
CBD		主要是法律、会计两类商务服务的生产创新功能	与金融密切相关的，或制定行业标准及处理跨国事务等经济类法律、会计及审计企业	协作
中心城区	副中心或其他集聚点	生产创新	面向目标客户的法律、会计、广告、咨询等商务企业	协作
大都市范围	卫星城中心	生产创新	少量商务企业	协作
	其他集聚点	技术支持	技术部门、广告数字制作企业	从属、依附

（2）与金融相关的法律、会计服务大量集中在中央商务区

随着经济全球化进程，商务服务中的经济类法律服务和会计审计服务，越来越多的作为金融服务的外部投入，与金融管理决策功能联系密切。这两类企业密集地位于中央商务区（CBD），处理复杂的（跨国）经济事务，制定行业标准。

商务服务之间的经济活动联系使得不同集聚中心间产生各种竞合关系。例如，在传统法律服务市场下，地域性特征明显，业务集中在诉讼领域，对律师事务所跨区域、团队化执业的要求不高，因此律师事务所的结构往往很单一，跨区域的合作也很少见。随着一国之内不同区域之间的经济交往日益紧密，商务活动逐步多样化和复杂化，法律服务市场对律师事务所提出了跨区域执业、团队化协作的要求，因此律师事务所开始趋向于分支机构多样化、律师数量规模化或者跨区域律师事务所合作发展。又如广告公司的广告制作外包与发包方之间的合作关系，由于专业制作设备的投资较大、操作技术要求较高以及户外广告发布权利受到各种限制，很多广告公司将设计制作委托给专业服务公司。

3.3　基于信息技术服务分工的分析

3.3.1　信息技术的服务分工历程

1）发展历程

1946 年世界上第一台计算机——电子数字积分计算机（ENIAC）在美国宾夕法尼亚大学诞生。20 世纪 70 年代计算机硬件技术的改善，推动了软件产业的发展。20 世纪 80 年代以后软件服务逐渐分化，软件外包开始出现。这时期软件企业的经济增长主要是通过规模化实现。个人计算机软件公司以“出版”软件产品的方式实现规模经济。处于领导地位的公司，不断通过技术和兼容性的正外部性巩固地位。工作站以巨大的安装基础和公有的尤尼斯（UNIX）操作系统作为支持，快速发展专业化软件。而对于大型机来说，软件已升级为相对成熟的专业化产品，细分市场也已经有了规模化的组织、有效的分配方法和稳定的客户源。20 世纪 90 年代以后随着计算机网络的发展，网络逐渐成为软件产品的新平台，涌现出大量基于网络的软件产品和服务（图 3-9）。

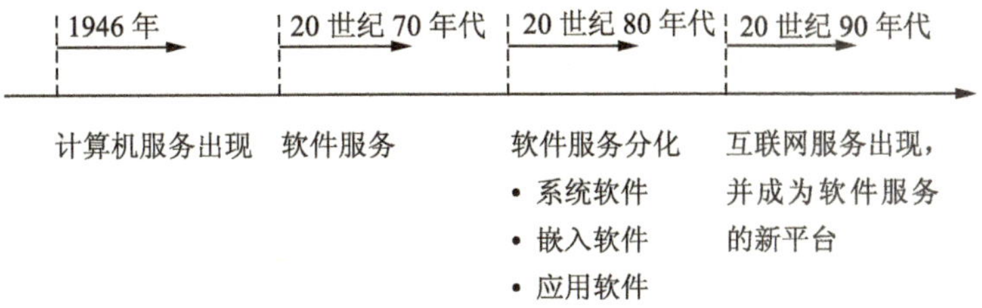

图 3-9　信息技术服务的发展历程

2）基本门类

信息技术服务是信息产业中的软产业部分，包括计算机服务、软件服务和互联网服务等。

（1）计算机服务，主要指计算机系统服务、数据处理、计算机维修及其他服务。

（2）软件服务逐渐分化为：① 系统软件，以建立标准为基础，操作系统、数据库等基础平台软件的开发，主宰着整个产业，决定了产业内的游戏规则。在全球软件企业 500 强中，大部分上游企业位于美国，企业创新能力强，拥有领先的技术储备，制定产业标准的控制力，拥有门类齐全的软件产品和完善的服务体系，开发国际市场并制定标准。② 支撑软件，包括数据库软件、软件开发工具和介于操作系统与应用软件之间的中间件软件。以专业化软件服务和企业解决方案为主，以建立与客户之间的信用为基础。③ 应用软件，主要是在上游的基础平台上进行二次开发。中国在应用类软件方面发展较快，主要集中在与本地化相关的应用软件上，如财务管理、企业管理、电子排版、教育软件、翻译软件及文字处理和杀毒软件等。

（3）互联网服务。通过链接庞大的信息网，来提供信息资源。互联网企业是由网络为基础的经营，一般包括 IT 行业、电子商务、软件开发等。

3.3.2　功能分化与企业类型变化

从现有研究来看，信息技术服务分工有以下两大特征：

一是大部分信息技术服务都属于生产创新，新技术领域、新兴业态不断涌现。信息技术是突变性的、非常规的（原毅军，2009）。商业模式的新理念催生了一些极具发展潜力的新兴业态，如云计算、移动互联网、物联网等。另外信息技术服务在传统产业中的应用渗透逐渐从外围走向核心，对其他行业的支撑作用进一步加强，使得信息技术服务新业务的类型有了更大的拓展空间（张惠萍，2012）（表 3-6）。

二是通过外包将信息技术服务（尤其是软件）的中间产品外包出去是普遍现象。可以从以下两方面来理解软件设计的生产过程以及软件开发能力在整个服务外包中所扮演的特殊角色：

一方面软件开发生产过程中的不同区段活动，在当代 IT 技术的支持下比较容易异地进行，使软件研发和生产过程本身成为最重要的单项服务外包对象；另一方面，进一步发展起来的 IT 服务外包和商务流程外包，不同程度地需要借助当代信息技术平台，因而不同程度地需要利用软件对 IT 技术设施的整合功能、其他服务外包类型与软件能力的密切关联，使得软件在各类服务外包中具有特殊地位（卢锋，2007）。

表 3-6 信息技术服务功能分化特征及所对应企业

信息技术服务	功能分化特征	所对应企业
生产创新	信息技术标准(上游规则)制定,技术壁垒高,附加值高	信息技术高端研发企业、基础软件类企业等
	技术壁垒中等,附加值中等(回溯上游规则制定)	子模块开发、独立的嵌入式软件企业等
	(本地化应用)技术壁垒低,附加值低	信息技术应用、应用软件企业等

3.3.3 区位成本因素

从信息成本、劳动力成本及产业关联成本三种主要的区位成本因素来看,现有研究认为:

(1) 人力资本的知识溢出区位是信息技术服务企业选址的重要因素之一。在临近著名大学和科研机构较为密集的地区,软件园或高新区等成为众多信息技术服务企业的栖息地,这类企业选择在智力资源密集区发展,为同行企业的合作、科技人员之间的交流提供了便利。如硅谷临近斯坦福大学、128 号公路临近麻省理工学院、剑桥高科技园区临近剑桥大学。奥德斯和费尔德曼(Audretsch et al,2015)考察了创新活动的空间分布和生产的地理集中,发现这些活动更容易发生在毗邻知识源的地方,如大学实验室、公司的研发部门或是接近熟练技术人员的地方。佛利克、弗莱施曼和雷比策(Fallick et al,2006)对硅谷计算机专门人力资源进行了调查,证实该地区专业人才市场的存在及人才市场信息在一个相对狭小的地域内迅速传播,显著降低了雇员与企业之间的相对搜寻成本及交易成本。

(2) 临近同类或相关企业、靠近服务对象对信息技术服务企业的选址非常重要。伊萨克森(Isaksen,2004)分析了挪威奥斯陆软件企业的集聚依靠咨询公司和重要的客户间以及软件咨询公司之间紧密互动的需求。以项目为基础的咨询活动,涉及大量的联合协作和面对面交流,催生了大量软件服务的需求,从而引发了大量软件企业的集聚。

3.3.4 对中心的影响

大量的信息技术服务企业都集中在生产创新的价值区段上,同时信息技术通常是突变性的、非常规的,尤其是软件行业更新换代非常快,高度依赖于专业人才,并倾向于靠近大量的客户。因此一般来说,信息技术服务通常选址在中心城,有利于获得熟练劳动力,并通过能力较强的劳动力一定的流动性,来增加集体知识的积累速度。另外,交通通达性良好,为劳动力流动提供了便捷的条件,降低了通勤成本(表 3-7)。

当前,企业网络、企业联盟、虚拟企业、外包等多种协作方式发展成为信息技术服务企业之间普遍存在的联系方式。如软件企业在进行重大技术创新时,在更大范围内合理分配和使用资源,实现资源共享、优势互补、资金分摊和风险分担,共同完成研发、试制、生产及市场开拓的任务,从而缩短创新周期,降低创新风险,提高创新成功的可能性。

表 3-7　基于信息技术服务分工的多中心特征

空间类型		信息服务功能	所对应的信息机构类型	在网络中的地位
中心城区	副中心或其他集聚点	生产创新	面向目标客户的信息技术企业	协作
大都市范围	卫星城中心	生产创新	小型信息技术企业	协作
	其他集聚点	技术支持	软件外包企业等	从属、依附

3.4　基于物流服务分工的分析

3.4.1　物流的服务分工历程

17 世纪以来，逐步建立的伦敦波罗的海航运交易与劳埃德保险中心为世界航运业提供服务。20 世纪 70 年代随着分工深化，物流逐渐从原有企业中独立出来，成长为第三方物流企业。20 世纪 80 年代，航运衍生品开始出现，目前世界上成规模交易的是波罗的海交易所干散货和油轮海运运价指数为交易结算标准的海运运价衍生品(Freight Derivatives)(刘巽良，2011)。20 世纪 90 年代末，高端航运服务进一步分离，如航运咨询保险活动、国际贸易及有关法律法规服务、货物保险等。另外，以信息技能为基础的物流服务(知识密集型)不断兴起，其主要功能是组织协调运输活动，包括物流信息的商品化，物流信息收集的数据库建立和代码化，物流信息存储、处理、传递的标准化和适时化等(图 3-10)。

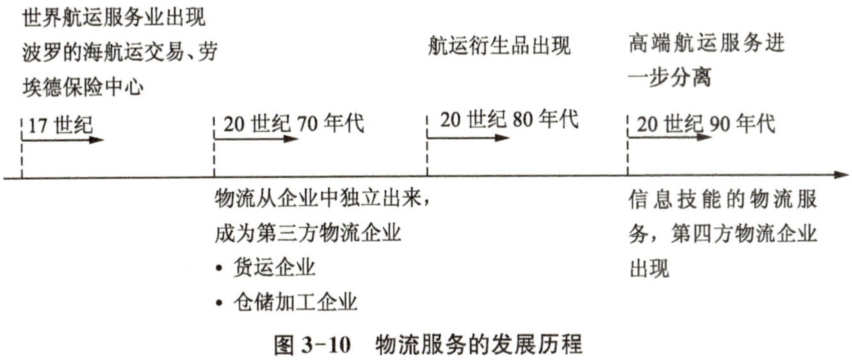

图 3-10　物流服务的发展历程

3.4.2　功能分化与企业类型变化

物流服务是以信息传递为导向，以各种交通运输为载体，以物质资料从供给地到需求者的物质空间转移为主线，而形成的从采购、运输、仓储、包装、流通加工、销售及后期服务等功能服务，从而实现货物的增值与空间流动(图 3-11)。

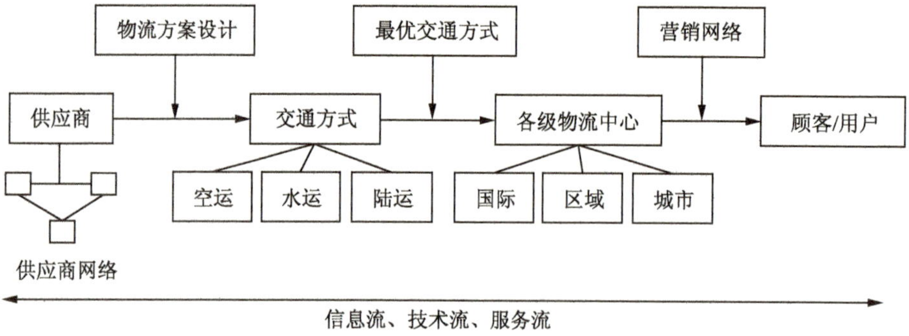

图 3-11　物流服务链

表 3-8　基于价值链的物流服务分类及所对应的物流企业类型

物流功能分类	功能特征	所对应的物流企业
管理决策	组织协调运输活动，物流咨询保险活动，国际贸易及有关法律、法规、货物保险等	货运总公司、(国际)货运代理企业、高端航运服务企业
生产创新	设计运输路线，选择运输方式和承运人	物流设计企业
标准服务	通过水、陆、空单一或联运方式实现货物的运送；对货物进行复杂加工、保管、分拣运输等	货运企业、仓储及搬运企业
技术支持	充分应用信息技术等，提高物流企业的运作效率。如提供企业管理信息系统、货物电子标签、标准化立体仓库、自动拣送设备等物流技术支持服务	物流技术企业

通过考察物流服务过程并进一步整理，可以辨识出四种主要的物流服务功能及其对应企业见表 3-8。

物流服务功能分化趋势表现出以下特点：

(1) 航运服务的知识密集程度日益增强，高端航运服务进一步分离。例如，虽然从港口吞吐量来看，今天的伦敦已无昔日世界级与枢纽港的风采，但仍以其航运交易市场、保险信息服务、海事服务、海事研究与交流、海事监管等功能保持着全球顶级国际航运中心的地位。

伦敦国际航运中心的港口设施及其吞吐量等硬指标已不具备优势，但其仍以拥有世界最大的航运交易所，世界最著名的船级社、海事咨询与保险公司以及世界最重要的船舶融资市场等软指标而独具特色；凭借在国际航运交易、海运保险、信息咨询、海事技术服务、海事法律与监管、海事研究与交流等航运相关行业中的世界领先地位，影响着全球海运市场的走向……伦敦拥有劳氏船级社、德鲁里(Drewry)航运及克拉克森(Clarkson)航运等一流咨询机构；世界上超过 50%的新船或二手船通过波罗的海交易所买卖，年交易额超过 340 亿英镑；伦敦是国际海事组织、航运协会的总部所在地，目前至少有 15 个国际组织总部设在伦敦；在解决海事纠纷方面，英国法律的应用比世界上任何一个国家的法律都要广泛(陈月英等，2011)。

(2) 运输和信息技术的发展及制造业灵活生产的需求极大地变革了物流服务(Dicken，2003)，传统货运企业通过信息技术升级改造，新型快递企业不断涌现。部分邮政快递物流的生产作业现场已经或多或少地应用到了物联网④，改造后的物流企业对邮件及物品的物理定位更加精确，对快递物流的信息系统要求更加完善，对快递物流生产作业的规范要求更加严格。

（3）专业化物流技术企业出现。以数字技术、网络技术为基础的信息化是现代物流技术的核心。如提供企业管理信息系统、货物电子标签、标准化立体仓库、自动拣送设备等物流技术支持服务。

3.4.3 区位成本因素

对于物流业来说，不同价值区段所对应的物流企业的区位成本因素存在较明显的差异。

（1）对于管理决策功能的物流企业来说，一方面与船舶交易、航运金融与保险、海事处理等相关的外部服务投入非常重要。另一方面需要航运金融与保险、航运经纪人、公估公证、船舶检验、海事法律咨询、海事仲裁和船舶信息等各种专业人才（刘巽良，2011）。

（2）对于生产创新功能的物流企业来说，由于面向企业（客户）的物流诊断与系统设计与客户的互动程度高，需要具备扎实的物流专业知识的人才，如精通企业物流管理信息系统、货物电子标签、标准化立体仓库、自动送检设备等专业知识的人才。

（3）对于物流运输企业来说，由于物流行业的特殊性，决定了物流运输企业的集聚和发展必须具备一定的区位交通优势。区位的交通状况（基础交通状况的完善情况和交通枢纽的发达程度，如机场、火车站、汽车站、港口等）在很大程度上能够决定物流企业的运输成本，并且能够提高公司开展业务的效率。

3.4.4 对中心的影响

（1）物流管理决策功能（货代、高端航运服务）进一步分离，强化了中央商务区的控制能力

物流管理决策功能的知识密集度日益增强，航运交易、信息、定价（如航运指数期货、运费期权）等高端航运物流服务与金融、法律等服务关系越来越密切，承担管理决策功能的物流企业倾向于高度集聚，脱离物质运输设施，靠近高端金融、法律服务等集聚的地方。

（2）物流生产创新功能（企业物流诊断）大量集聚在中心城

物流生产创新功能面向企业（客户），通过先进的物流管理技术，帮助提高企业物流效率，为企业提供系统化物流服务或全程物流服务（如物流方案设计、物流诊断、电子信息技术分拨拣货、全程物流的组织与实施等）。其与客户互动程度高，需要具备扎实的物流专业知识的人才，通常集中在中心城区。

（3）物流标准服务企业具有交通依附性，强化了交通枢纽的服务职能

服务型中心（节点）靠近大型交通基础设施（如港口、机场、综合性交通枢纽等）或充足用地的地方，以保证物流的高度通达性。以仓储加工为主的物流服务企业需要充足的用地，一般都有大型的仓库和停车、装卸转运场所，占地面积很大，要求有足够的用地空间才能保证其发展的需要。

另外，不同物流功能之间的协作变得日益重要。例如，传统物流企业和专业化物流技术企业的协作。物流企业通常需要跨区域，甚至跨国调拨货物，信息成本日益重要。尤其是以网络为主的物流服务，要求有发达的信息交换和通讯条件，与专业化物流技术企业的协作，有利于不同环节之间的信息交换、业务往来、合同的签订等，并可以提高交通运输的生产效率。另外，货代企业与货运企业之间的协作关系也较为普遍（表3-9）。

表 3-9　基于物流服务分工的多中心特征

空间类型		物流服务功能	所对应的物流企业类型	在网络中的地位
CBD		管理决策功能	航运交易、货代企业、货运总公司等	主导
中心城区	副中心	生产创新功能	面向目标客户的第三方、第四方物流企业	协作
大都市范围	特定区位（港口、机场等）	标准服务功能	传统货运企业	从属
	其他集聚点	技术支持功能	信息技术部门	从属、依附

3.5　不同行业分工的比较分析

3.5.1　行业分工程度

第 2 章将生产性服务行业内的价值区段归纳为管理决策、生产创新、标准服务和技术支持四种类型。由于服务业本身的特性（如标准化难易程度不同等），不同生产性服务行业的分工程度存在显著差异（魏江等，2007）。

（1）金融服务在管理决策、生产创新、标准服务和技术支持四个价值区段上分工程度高，企业类型分化明显。① 金融管理决策功能：主要包括金融经营决策、信用资产审批、组织管理分支机构等行为，一般由金融机构总部完成。② 金融产品定制和创新功能：金融机构针对大客户开展的量身定制的金融服务及创新活动，如新兴的专业化金融服务分支机构或金融服务公司等。③ 金融标准服务功能：由金融终端服务机构，即银行支行及以下、证券公司营业部及保险公司营业部等营业网点式金融机构，开展吸存放贷和代理买卖证券、保险分销等活动。④ 金融技术支持功能：如数据处理、资金清算、信息技术支持等业务，属于非核心业务，越来越多地被采用外包方式，与核心业务脱离。

（2）物流服务与金融服务类似，在四个价值区段上都存在分工趋势，但技术支持区段上的企业仍处于发展过程中。① 物流管理决策：主要包括组织协调运输活动，航运咨询保险活动，国际贸易及相关法律、法规服务，货物保险等高附加值服务。对应的企业有货运总公司、（国际）货运代理企业、高端航运服务企业等。② 物流生产创新：设计运输路线，选择运输方式和承运人。对应的企业有物流设计企业等。③ 物流标准服务：通过水、陆、空单一或联运方式实现货物的运送；对货物进行复杂加工、保管、分拣运输等。对应的物流企业包括货运企业、仓储及搬运企业。④ 物流技术支持：充分应用信息技术等，提高物流企业的运作效率。如提供企业管理信息系统、货物电子标签、标准化立体仓库、自动拣送设备等物流技术支持服务。对应的企业有物流技术企业，目前这类企业处于快速发展中。

（3）商务服务和信息技术服务在价值区段上的分工程度较低，大量企业都集中在生产创新的价值区段上。这主要是因为商务服务定制化程度高，服务难以标准化（图 3-12），企业组织方式趋于扁平化，并高度依赖于专业熟练劳动力；另外，信息技术服务的更新换代快，新技术领域、新兴业态不断涌现，与商务企业类似，企业组织方式趋于扁平化，以便应对快速变化的市场需求。

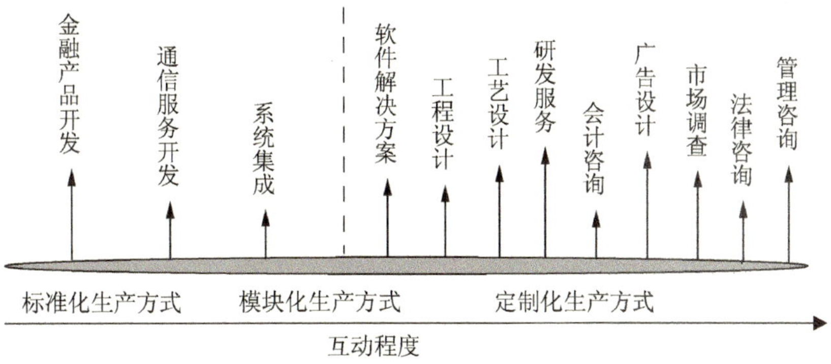

图 3-12　服务业生产谱线示意图

3.5.2　行业的空间集聚特征

不同行业同一价值区段的企业由于空间偏好相似，趋向于在特定空间集聚。

(1) 管理决策功能趋向于集中在城市最核心的 CBD，意会信息成本低是其关键的驱动力。CBD 地区高度集中了城市的政治、经济和文化力量，具有最高的人际和信息交流量，通常吸引如金融、经济类法律、会计与审计，以及脱离物质运输设施的高端航运服务等。

(2) 生产创新功能趋向于中心城范围差异化的空间集聚。由于不同行业所需的劳动力成本、可编码信息成本、产业关联成本存在较大差异，或依托于原有副中心发展而来，或集聚在新的空间区位，形成特定产品服务集聚区。中心城范围拥有较好的城市环境和基础设施，良好的公共交通可达性，大量的企业客户以及熟练劳动力密集，通常吸引如咨询、广告等商务服务，信息技术服务，生产创新类金融服务和物流服务等。

(3) 标准服务靠近服务对象，服务网络覆盖范围比空间集聚更加重要。依托卫星城中心发展起来的集聚中心，拥有一般的交通可达性，地租成本低，通常吸引中低端生产性服务企业的集聚；另外，在物流标准服务企业集聚的影响下，机场、港口、综合性交通枢纽等特定区位逐渐发展起来，成为新的服务经济增长空间。

(4) 技术支持功能在空间选址上的灵活性较大。呼叫服务、信息技术支持服务、业务流程服务等非核心业务的剥离与外包，趋向于成本更低的空间区位集聚。

3.5.3　行业的企业组织方式对中心能级的影响

在生产性服务业不断分工细化的过程中，多元化的企业组织方式不断涌现。这些多元化的企业组织方式使中心之间产生相对稳定的关联，通过职能互补与分工来获取整体的外部规模经济与范围经济[5]。图 3-13 表达了金融、商务、物流以及信息技术服务四大类生产性服务典型的企业组织方式，本书将其概括为等级性单向控制网络、等级性分散网络、生产链网络和价值链网络。

(1) 金融服务

金融可以细分为银行、保险、证券和其他金融服务，银行和保险机构具有较明显的层级结构(由各级分行、支行、营运中心以及网点营业部等共同组成)。金融服务企业组织总体上表现出等级性单向控制网络特征。

(2) 商务服务

商务服务企业组织多以合伙或独资的形式存在,趋向于扁平化的组织方式,通过网络来获取资源联系及各种信息流。随着经济全球化,商务活动趋向于多样化和复杂化,跨地域合作以及规模化经营成为主要的发展趋势。商务服务企业组织表现出等级性分散网络特征。

(3) 物流服务

物流服务围绕生产链网络进行企业组织,形成从采购、运输、仓储、包装、流通加工、销售及后期服务等物流功能服务,从而实现货物的增值与空间流动。

(4) 信息技术服务

信息技术服务企业组织具有较明显的价值链网络特征。其中以设计创新企业为核心企业,其他协调、供应、销售等企业围绕设计创新核心企业提供各种相关服务。

在生产性服务业各自形成的多中心网络中,微观企业组织方式使中心(节点)通过多样化的联系(如管理层级、战略协作、业务从属与外包等)来共同实现服务产品的供给。

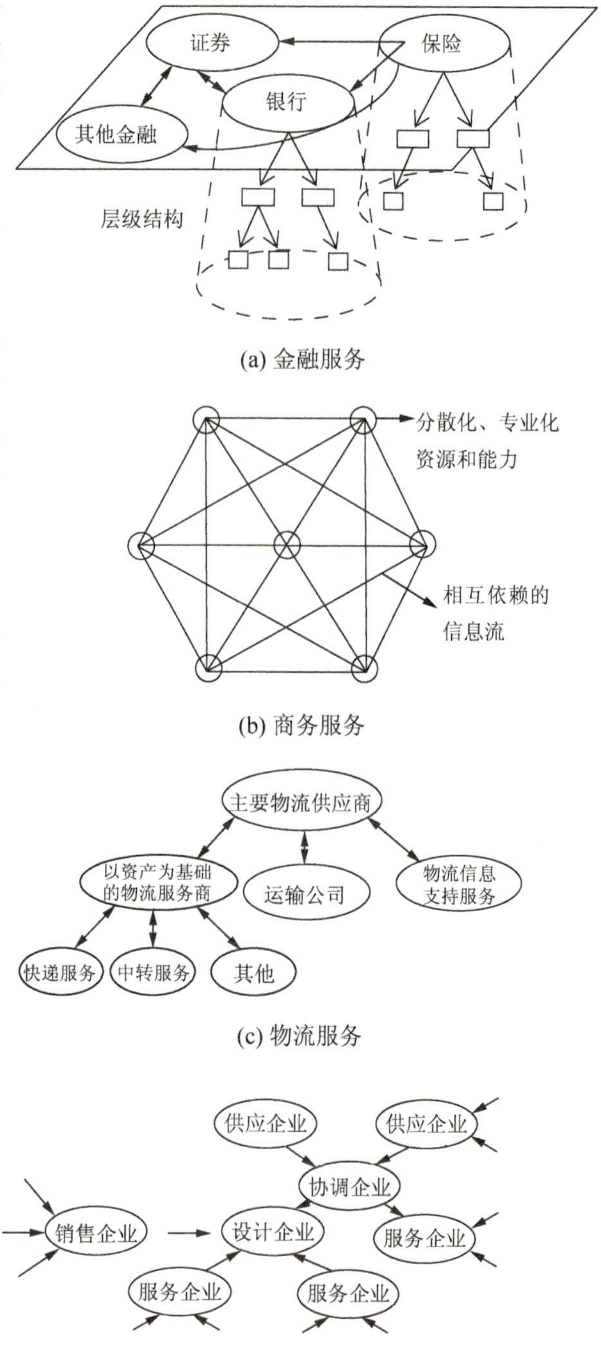

(a) 金融服务

(b) 商务服务

(c) 物流服务

(d) 信息技术服务

图 3-13 四大类生产性服务企业组织方式

3.5.4 行业间微观经济关联对中心功能的影响

经济活动联系使得不同生产性服务业集聚在空间上存在重叠,形成服务功能复合型中心。这些集聚的生产性服务企业可能在不同尺度上(全球、区域、城市)展开经济活动,三种高度协作的方式(产业关联、联合协作以及风险融资)可以识别出来(图 3-14)。

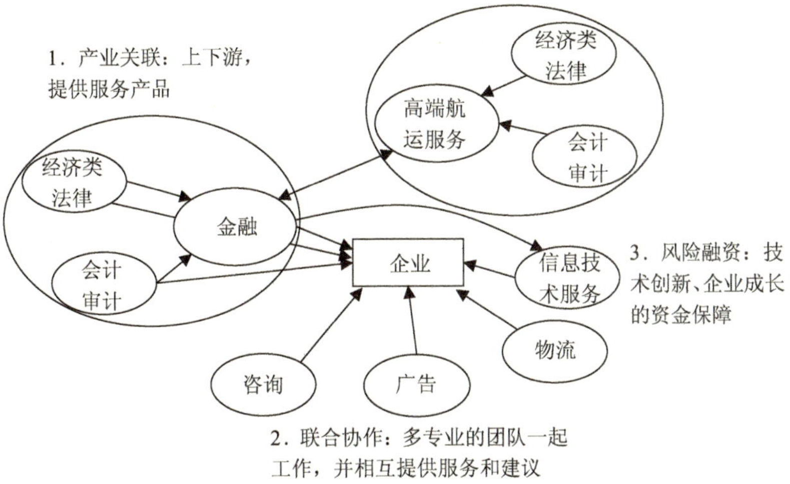

图 3-14　行业间高度协作的三种方式

(1) 产业关联

生产性服务业之间的产业关联主要表现为一些生产性服务行业为另一些生产性服务行业提供产品或劳务；或生产性服务行业之间相互提供产品或劳务。对于某具体行业来说，产业关联的方式有前向关联、后向关联和环向关联三种不同方式。以金融业为例，至 2007 年，金融业与中国国民经济的所有产业部门均存在前向关联，前向关联密切的产业部门多于后向关联密切的产业部门，金融业对国民经济各产业具有普遍的供给推动作用。另外，金融业与金融业本身、房地产业、交通运输及仓储业、租赁和商务服务业等第三产业部门还具有密切的环向关联关系，相互影响和依存度高(吕鹰飞，2012)。

随着金融机构的进驻，相应的法律咨询业、保险精算业、会计业及资产评估、信用评估、咨询等中介机构也陆续跟进……在地理空间上的邻近有利于企业之间的联系、建立信任持续关系，有利于市场、技术、竞争的信息在网络内的集中与传播得更加迅速，进而提高不同金融机构金融资源的周转运行速度(Laulajainen，1998)。

(2) 联合协作

多专业的团队一起工作，并相互提供服务和建议是不同生产性服务业合作的一种较为普遍的方式(彼得·霍尔等，2010)。例如，为企业提供高质量会计信息这一目标的实现，通常需要会计、审计和评估共同发挥作用。会计师在生成会计信息时，需要对相关资源的价值做出判断。这时，出于对成本和效率的考虑，通常需要评估师提供专业服务，利用评估的专业优势合理发现价值。会计师对评估师的价值结论进行分析、确认，在会计信息中加以利用。而审计师对会计师工作的合理性、会计师引用评估师结论的适当性等发表意见。这三个环节共同发挥不同的作用，以此保证会计信息的质量。

(3) 风险融资

融资的目的是为了充实资本实力，增强企业的抗风险能力，为企业扩大再生产创造条件。对于信息技术服务企业来说，融资对于企业成长的迅速推动作用尤为突出。通过融资可为企业获得充沛的现金支持，为软件、信息技术等产品的研发、生产、品牌推广、市场推广、销售等提供有力的资金保障。例如，硅谷的迅猛发展与资本市场是分不开的，资本市场刺激了投资，导致新技术类公司的大量增加，同时风险分散也增加了企业发展的稳定性。

硅谷地区有超过200家的风险投资公司，风险资本总量占全美的35%左右，为创业者提供了充足的资金保障……仅2008年第一季度，硅谷吸引到的投资总额就达到25.8亿元，居全美第一。另外，纳斯达克股票市场为硅谷创业公司创造了上市融资的有利条件，同时也为风险投资提供了退出渠道（原毅军，2009）。

注释

① 引自1966年美国会计学会（Committee of the American Accounting Association，AAA）对会计做出的定义。

② 管理会计提供相关信息，帮助管理者制订计划，并且实施有效控制，从而有效运营，包括管理公司的资产、设备和人力资源。注重提供未来事件的相关信息，不受公认会计准则的约束，通常被称为内部会计；财务会计主要关注记录和报告企业的经济数据和活动，为投资者、债权人、政府主管部门等提供相关经济信息。侧重于过去已经发生的经济活动和信息，记录和报告历史事件，受到一定准则限制，获得的一般都是客观、可验证的信息，通常被称为外部会计（卡尔·沃伦等，2008）。

③ 根据第二次经济普查数据统计，法律企业在上海本地无分支机构，会计企业在上海的分支机构只占到企业总数的4%—5%，另外广告、咨询企业的分支机构约占10%。

④ 物联网概念最早出现于比尔·盖茨1995年出版的《未来之路》一书中。2005年，国际电信联盟（ITU）在《ITU互联网报告2005：物联网》中，正式提出了“物联网”的概念。根据ITU的定义可知，物联网主要解决物品到物品、人到物品、人到人之间的互联。物联网是通过射频识别、红外感应器、全球定位系统、激光扫描器等信息传感设备，按约定的协议把任何物品与互联网连接起来进行信息交换和通信，以实现智能识别、定位、跟踪、监控和管理的一种网络。

⑤ 规模经济主要指企业由于扩大生产规模，降低单位生产成本而使经济效益提高。范围经济主要指企业通过扩大经营范围来增加产品种类，生产两种或两种以上的产品而引起单位成本降低，进而使得经济效益提高。

4 基于生产性服务业分工的上海多中心验证

每个城市在不断变化的宽泛的政治经济系统中的历史角色和区位，决定了其拥有一个独特的地理轨迹，这种独特性使其在应对经济和政治重构中的能力不同。

——(美)埃里克·谢泼德等《经济地理学指南》

上海曾经有着作为世界城市的悠久历史，它现在重新站起，并且与多种全球循环回路接轨。

——(美)丝奇雅·沙森《全球城市：纽约　伦敦　东京》

本章以上海为案例展开实证，目的是与前文的理论分析相互补充及验证。生产性服务业分工的深化是推动多中心的最关键动力之一，围绕“不同生产性服务业按照自身分工特征及空间偏好形成各自的多中心网络”这一核心观点，首先，回溯并总结了20世纪90年代至今上海服务分工的发展历程、分工特征；其次，应用上海第二次经济普查数据和《上海金融年鉴(2009)》，对上海金融、商务、信息技术、物流四大类生产性服务业分工的多中心进行了定量验证。

研究发现实证结果与理论思考基本一致，但是在特定的制度和环境下分工程度对城市多中心的影响存在差异：① 生产性服务业快速发展并不断分工细化，推动着上海城市空间格局趋向多中心发展；② 上海的金融、商务、信息技术、物流四大类生产性服务业按照自身分工特征和空间偏好已初步形成各自的多中心网络；③ 上海多中心现象受制于城市制度环境、行业分工程度、历史延续框架等的影响，呈现出一种演化过程中的状态。

另外需要指出的是，生产性服务业的服务分工细化更多是在理论层面，尤其是在一些业务层面的细分，在实际中很难进一步严格区分。首先，企业作为经济活动主体，其可能同时提供不同的服务产品，并同时处于服务价值链的不同环节。其次，也受到经济普查中已有的分类方法和数据统计字段的限制。如将经济普查数据的统计分类和信息进一步优化，则可以进行更准确的研究。

4.1　开埠至今上海概况及城市中心发展

4.1.1　历史概况

1) 开埠至1949年

上海因港设县、以商兴市。1843年上海开埠成为城市近现代化的起点，近代工业逐渐发展起来。这一时期上海以轻工业为主，在空间上形成明显集中的三大近代工业区，即沪东工业区(又称杨树浦工业区)、沪西工业区和沪南工业区(又称南市工业区)。据统计，1949年上海全市轻纺工业的生产产值占全市工业总产值的88.2%，其中，纺织、面粉、卷烟、造纸、橡胶、皮革、肥皂、火柴等八大轻工行业产值就占到全市工业产值的76%，重工业只占11.8%(上海社会科学院《上海经济》编辑部，1984)。工业发展的同时，商业亦繁荣发展，东起外滩、北至苏州河、南抵金陵东路、西以西藏中路为界的繁华地区逐渐取代传统的老城厢商业中心，成长为近代上海的城市中心。1906年的上海租界已有洋货业、纸烟业、皮货衣业、绸缎业、药业、鞋业、丝业、京广杂货业、银炉业、酱园糟坊酒业、茶食业等52个行业，店号约为3 177户(张仲礼，1990)。到20世纪20年代，上海商业门类的分工更细，行业规模迅速扩大。

20世纪30年代初，上海租界中心的主要街道就已经呈现出特定行业集聚发展的特征。如金融业集聚在外滩及附近街道，商业零售业集聚在南京路，机械五金业(销售)集聚在北京

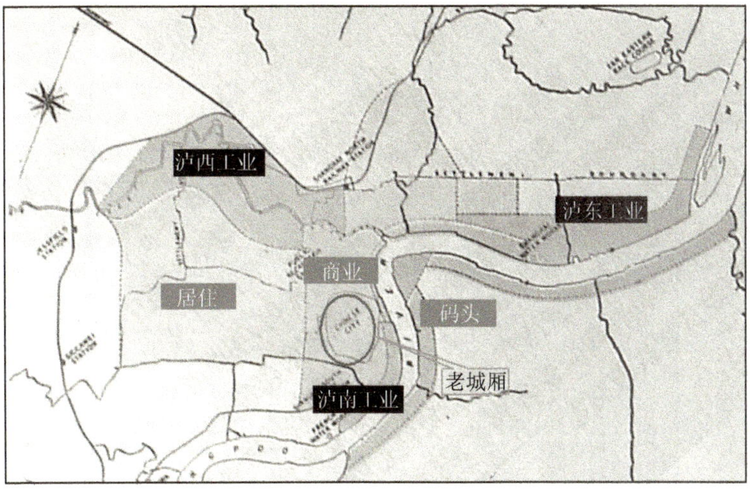

图 4-1　近代三大工业区和商业中心

路，文化娱乐业集聚在福州路和西藏路，商业批发业集聚在金陵东路（上海市黄浦区志编纂委员会，1996）（图 4-1）。

2) 1949—1978 年

新中国成立后，1958 年原隶属于江苏省的嘉定、宝山、松江等 10 个县[①]被划归上海，上海的行政范围扩大到 5 910 km^2。

计划经济时期，上海工业发展的最突出特点是重工业的高速发展。国家投入了大量的资金、人力物力来发展机电、冶金、化工等基础性重工业，并先后建设了五个卫星城和宝山、金山。这些难以流动的物质性生产要素投入，至今仍然深刻影响着上海工业生产的区位特征。

在“变消费型城市为生产型城市”的方针指导下，上海南京路这一传统的消费性城市中心处于停滞发展状态，部分功能甚至萎缩。上海行政区范围内的消费性中心体系的发育也十分有限。1953 年，苏联专家穆欣指导编制《上海城市规划》，将人民广场规划定位为上海新的城市中心，但由于人民广场从建立之初就并不具备经济功能，更多的是政治文化意义上的中心，经济功能直到 20 世纪 90 年代以后才逐渐发展起来（张晓春，2004），因此南京路外滩一带仍然是这一时期上海主要具有商业功能的城市中心（图 4-2）。

3) 1978—1992 年

改革开放以后，在以经济建设为中心的指导思想下，上海生产力得到极大的释放，市场经济快速发展起来。上海开始逐步调整工业结构，并以调整轻重工业比例为重点，大力发展消费品生产。

这一时期，上海工业基本形成了门类齐全、综合配套能力强、以加工工业为主、在全国有着明显优势的工业体系。① 以生产日用消费为主的轻工业产业间的分工率先发展起来。上海确定了 17 大类 22 种日用消费品为全市生产的重点产品（朱金海，1999）。在 20 世纪 80 年代的工业行业中，纺织业、食品饮料业和缝纫业的产值均占有较高的比重。② 重点支柱产业的改造和培育。从 1984 年开始，上海对汽车、电站设备、钢铁、石油化工、轮胎、家用电器等 9 大行业、40 种大类产品和 161 家骨干企业进行重点改造（朱金海，1999）。

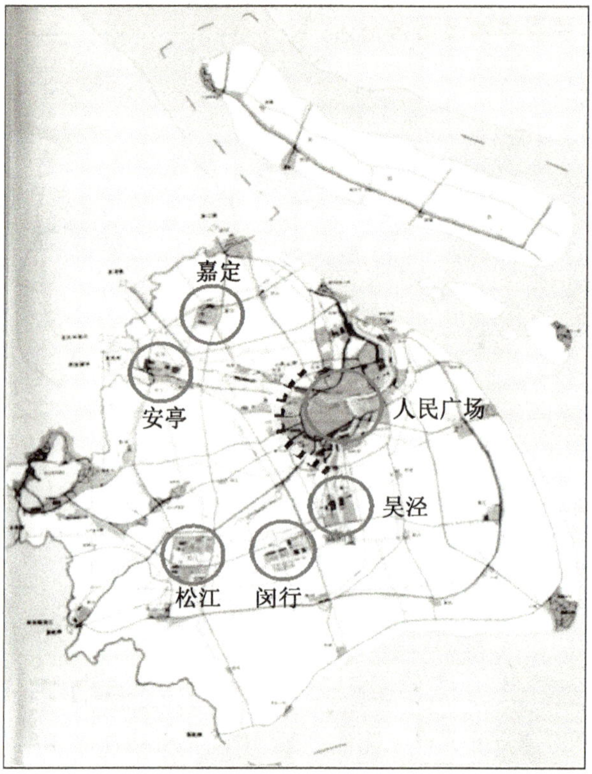

图 4-2　五大卫星城和城市商业中心

20 世纪 80 年代末至 90 年代中期是上海工业用地规模扩张最大的时期。上海的工业园区大部分成立于 1991—1996 年，至 1997 年末上海共形成了 7 个国家级工业区、11 个市级工业区、12 个传统工业基地和 174 个分布在郊区乡镇的一般规模工业园区，净工业总用地面积接近 400 $km^2$②。同时，中心城区“退二进三”，中心城区的工业企业数从 1993 年的 5 127 家减少到 2008 年的 1 510 家，占全市的比重相应从 37.48%下降到 8.05%；中心城区的工业总产值虽有所增加，但占全市的比重却从 42.98%下降到 7.91%（表 4-1）。

随着市场经济的发展，商品流通日益繁荣，上海先后经历了消费品批发市场快速发展、生产资料市场快速发展以及商品零售市场快速发展三个时期。① 消费品批发市场发展。到 1987 年底，上海全市共建立各类消费品贸易中心 13 个（包括工业品中心 3 个、农副产品中心 5 个和综合性中心 5 个），批发市场和贸易货栈 49 个，城乡农贸市场 395 个，小商品批发市场 34 个（周振华等，2010）。1991—1993 年是上海专业性批发市场集中建立的阶段，先后建立了华东纺织纱布布料交易市场、上海肉类商品批发市场、副食品批发交易市场、上海粮油商品综合交易市场、卷烟交易市场和沪南粮油交易市场等。② 生产资料市场发展。1984—1990 年，上海建立了贸易中心 42 家（包括物资系统中心 36 家、工业系统中心 4 家和财贸系统中心 2 家），1992—1995 年又建立了生产资料市场 59 家（周振华等，2010）。③ 商品零售市场发展。20 世纪 90 年代是商品零售市场的快速发育时期。从 1992 年批准立项到 1995 年建成，营业面积在 4 000 m^2 以上的大型零售商厦达 69 家，其中 80%以上都是综合型百货商厦（周振华等，2010）。另外自 1991 年上海联华超市股份有限公司创建起，超市、连锁超市及便利店就以超常规的速度急速发展，每年新增超市在百家以上。

表 4-1　1993 年、2008 年上海中心城与其他区县工业企业数及总产值比较

	工业企业数(家)		占全市比重(%)		工业总产值(亿元)		占全市比重(%)	
	1993 年	2008 年	1993 年	2008 年	1993 年	2008 年	1993 年	2008 年
中心城区	5 127	1 510	37.48	8.05	1 271	1 869	42.98	7.91
其他区县	8 553	17 241	62.52	91.95	1 686	21 773	57.02	92.09
合计	13 680	18 751	100.00	100.00	2 957	23 642	100.00	100.00

这一时期,消费性城市中心快速发展。南京路的商家店面设施纷纷实施改造,各种商业业态快速扩张。20 世纪 90 年代初随着地铁一号线通车以及商城改造,徐家汇地区迅速崛起并成为城市副中心。市级、区级、居住区级等各级商业中心不断发展完善。

4) 1992 年至今

工业整体竞争实力进一步提高,部分实现了由劳动力、资源密集的粗放型发展方式向资金、科技密集的集约型发展方式转换(图 4-3)。到 2000 年底,上海工业有五项经济指标达到或接近国际先进水平,这五项经济指标分别是,工业企业资产负债率降至 50%以下,国有及控股大中型企业亏损面降至 20%以下,工业产销率达到 98.8%,净资产利润率达到 9%,以及劳动力总量与上海工业发展规模基本趋于平衡(杨公仆等,2003)。

1992 年,中共十四大报告中提出开放开发浦东,上海服务业即进入快速发展时期。1999 年,上海第三产业产值占国内生产总值(GDP)的比重首次超过第二产业,达到 50.8%(图 4-4),之后第三产业的产值一直保持领先。2001 年底,中国加入世界贸易组织(WTO),标志着中国参与经济全球化的进程进入了一个新的阶段。上海作为引领当今中国经济发展

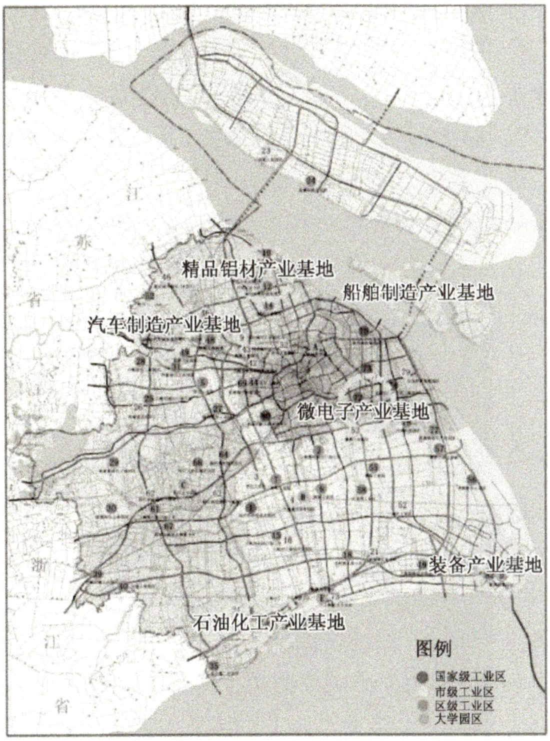

图 4-3　上海市六大先进制造业基地

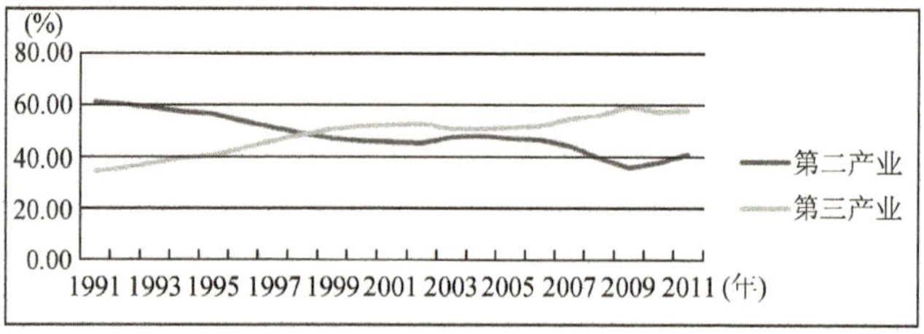

图 4-4　1991—2011 年上海市第二产业与第三产业比重

的核心城市，外商投资的重点从制造业转向服务业。2003 年外商直接投资的上海第三产业比重开始超过第二产业，达到 57%（上海市商务委员会，2011）。跨国公司地区总部以及国内企业总部开始在上海快速集聚。2010 年上海世博会的成功召开更进一步提升了上海的品牌效应以及会展、商贸、咨询等服务能力。围绕服务生产的分工日趋明显，服务业内部不断分化，各种新兴服务业态不断出现。

在空间上，随着 20 世纪 90 年代后期中心城区"退二进三"的经济结构调整基本完成，上海中心城区逐渐成为以金融、信息、商务服务、中高端物流等为主的服务业的发展高地。传统的消费性城市中心服务功能日趋强化，同时新的专业化的服务性中心大量出现。

4.1.2　日益显现的服务性中心

商务办公楼是大量生产性服务业发展的空间载体。宁越敏等（2011）从办公密集区的出现与大量生产性服务企业集聚的角度，考察了上海转型时期城市中心的变化。这些地区通常位于交通条件较好的地段，周边商务楼宇、商业设施及相关的生产生活服务配套设施供给密集。从上海商务办公楼的集中分布来看，主要集中在陆家嘴—外滩、人民广场、虹桥、南京西路、淮海中路、徐家汇等一些地区，呈现出沿延安路、淮海路、南京路东西向轴线发展的格局。以徐家汇为例，徐家汇作为上海四个副中心之一，其消费性功能与服务性功能几乎同时发展起来。徐家汇商圈先以商业起步，先后建成东方、太平洋、六百、汇金、港汇广场等中高档百货大楼和购物中心，迅速成为繁华的都市商业中心。同时，徐家汇办公楼的建设速度很快，吸引了微软等一批著名跨国公司总部机构的进驻。

4.2　上海服务分工的历程及趋势特征

4.2.1　服务发展历程及概况

1）体制释放和投资拉动的服务初始发展

20 世纪 90 年代上海服务业的初始发展主要由体制性释放和投资拉动为主（周振华，2009）。随着 1992 年浦东的开放开发，上海的证券市场、期货市场、外汇市场、房地产市场、技术市场和劳动力市场突破旧体制束缚，大量涌现，为上海服务业的初始发展提供了强大的动力。

1990—2001 年上海金融业（体制释放）和房地产业（体制释放和投资）两者合计对服务业增长的贡献率为 41.8%（周振华，2009）。2000 年金融业创造的增加值达到 685.03 亿元，占第三产业增加值的比重达到 29.7%。同时，由于房地产市场全面启动，大量资金开始涌入，到 1995 年房地产的固定资产投资达到了60%以上。房地产的大规模投入带来了产值的迅速增长,房地产的产业产出从1990年的3.75亿元迅猛增长到2001年的316.85亿元(周振华,2009)。

2) 跨国公司的战略性布局

自从上海浦东开放开发以来,上海就成为国际资本进入中国大陆市场的重要通道。2001年底中国加入WTO,跨国公司更是将上海视为区域的管理核心城市,将地区总部、投资机构以及研发部门等核心机构都布局在上海,而将生产机构放在长三角地区的次一级城市进行投资。如总部在德国的英飞凌集团在无锡和苏州设立了制造企业,而在上海设立了研究与开发中心。

另外,近年来跨国公司跟进直接投资的重心转向服务业。以服务进口为主,在这个过程中,跨国公司起主导作用。跨国服务企业主要涉及银行、物流、商务服务、采购中心等,主要是跟随其客户或竞争者(贺灿飞等,2012)。2010年上海服务贸易进出口额占上海国际贸易进出口总额的比重上升到22.1%,上海服务贸易进出口占全国服务贸易进出口总额的比重达28.9%,上海服务出口和服务进口均位居全国首位(上海市商务委员会,2011)。

3) 长三角地区民企的成长平台

20世纪90年代后半期,一个突出的现象就是长三角地区由企业主导的地区间的产业分工开始明朗化,上海成为越来越多的长三角地区企业的成长平台和走向世界的窗口。企业跨区域发展和"产业转移",特别是在浙江南部的温州地区,以及宁波、嘉兴等与上海具有比较紧密联系的地区,许多民营企业通过各种途径"移师上海"。

据统计,到2012年浙江各地在沪投资创办的企业有5万家,其中注册资金200万元以上的企业有2 000多家,集团公司有50多家,其中不乏当地具有影响力的民营大企业(陈建军,2009)。浙江在沪的投资总额和创办企业总数,均居全国各省市的首位。浙江民营企业的跨地域组织的方式各异,如宁波服装业两大巨头之一的杉杉集团,平湖最著名的民营企业茉织华实业集团,先后都将企业总部迁入上海;浙江其他一些知名的民营企业,如万向集团、西湖电子集团、埃力生集团都在上海设立了分公司,温州低压电器三巨头正泰集团、德力西集团和天正集团也在上海建立了生产基地或投资公司;另外,更多的浙江企业在上海设立了研发部门,如浙江的台州市,就专门在上海建立了台州民营企业科技园区,集中了几十家台州民营企业的研发部门。

4) 国有企业的生产性服务分离

上海是全国国有企业最为集中的地区之一,其生产性服务逐渐从大型国有制造企业中分离出来,这对上海服务经济的发展具有举足轻重的影响。上海从1993年即开始着手建立现代企业制度,至2006年以"局改制"为代表的上海国有企业改革已基本完成,2006年以来公司治理结构得到进一步优化。随着经济全球化的加深以及高技术产业的发展,生产链环节之间的分工逐步细化,制造企业特别是高技术制造业在追求核心价值理念的驱动下,剥离部分服务业务成为趋势。

现阶段,上海生产性服务从大型国企制造业中分离出来的有以下五种主要方式(上海市经济和信息化委员会,2012):

(1) 通过供应链管理(物流服务)的方式加快剥离。如2010年上海宝钢物流有限公司成立,其从宝钢集团分离,并逐步完成了宝钢股份本部、特钢事业部、不锈钢事业部和钢管事业部等物流业务的吸收合并工作,整合为专业化、社会化的第三方物流企业。

(2) 通过总集成总承包的方式，将前端咨询、设计研发和后端运营外包、售后服务分离出来。如宝钢工程技术集团有限公司以前的业务主要围绕母公司的冶金业进行工程咨询和工程设计，现在其服务范围以及服务领域已扩大延伸至环保、交通、能源、化工、市政等多种行业。

(3) 通过融合电子商务与信息化服务，将咨询、销售、贸易等服务剥离出来。如宝钢集团、上海电气集团等大型企业都通过电子商务积极向生产性服务延伸。

(4) 通过建立国内或国际第三方检验检测服务机构进行剥离。如上海电气输配电试验中心有限公司、上海宝钢工业检测有限公司等。

(5) 专业维修服务的分离。2011 年 6 月，上海电气集团对业内 36 家制造企业的设备维修状况进行了调查，其中 16 家企业已撤销原机修车间建制，20 家企业虽仍保留了机修车间的组织机构，但其所承担的维修任务已大为缩减。

5) 中小型服务企业的发展

近年来上海以民营为主体的中小型服务企业发展迅速，对上海服务经济发展产生了重要影响。上海市第二次经济普查数据显示，2008 年年末全市私营企业中从事第三产业的企业占企业户数总量的 76.4%、注册资本的 70%、从业人数的 62.6%、生产总值的 58%。

民营企业在科技、创意、信息、商务和中介等服务业中增长迅速。其中，科技型民营企业是主要的生力军。根据《2009 上海高新技术成果转化年度报告》显示，2009 年上海市认定的高新技术成果转化项目为 791 项，其中属于民营企业的有 460 项，约占认定项目总数的 58.2%。

4.2.2 生产性服务业发展总体特征

按照《国民经济行业分类》(GB/T 4754—2002)分类标准，2011 年上海六大类生产性服务业[③]占总 GDP 的比重为 32.9%(表 4-2，图 4-5)。其中生产总值比重最大的是金融业，2011 年达到 2 277.4 亿元；增长速度最快的是租赁和商务服务业，2003—2011 年的年均增长率是 26.75%。从就业人数来看，2011 年上海六大类生产服务业中，就业人数最多的是交通运输、仓储和邮政业(57.51 万人)，其次是租赁和商务服务业，就业人数为 53.92 万人(表 4-3)。六大类生产服务业占全市总就业人数的 24.4%。

表 4-2 2003 年、2011 年上海六大类生产性服务业生产总值统计

按行业分	生产总值(亿元)		生产总值年平均增长率(%)
	2003 年	2011 年	
交通运输、仓储和邮政业	345.99	868.31	12.19
信息传输、计算机服务和软件业	176.72	784.77	20.48
金融业	529.26	2 277.40	20.01
房地产业	328.59	1 019.68	15.21
租赁和商务服务业	136.97	912.60	26.75
科学研究、技术服务和地质勘查业	114.91	447.02	18.51
合计	1 632.44	6 309.78	—
全市生产总值总计	5 210.12	19 195.69	—

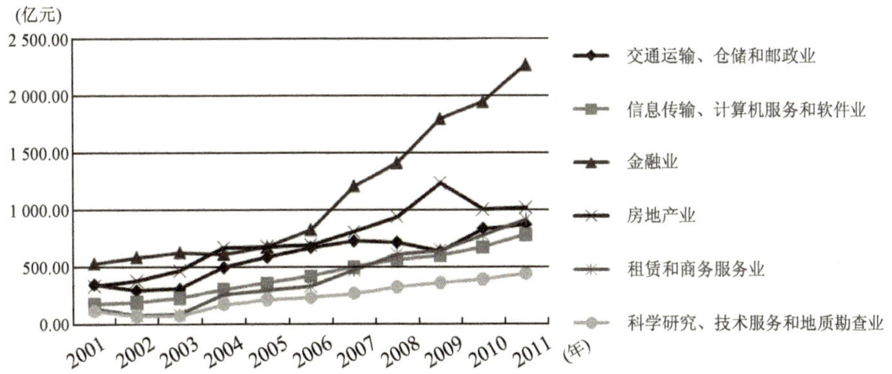

图 4-5　2001—2011 年上海生产性服务业生产总值

表 4-3　2003 年、2011 年上海六大类生产性服务业就业人数统计

按行业分	从人人员(万人)		从业人员年平均增长率(%)
	2003 年	2011 年	
交通运输、仓储和邮政业	34.88	57.51	6.45
信息传输、计算机服务和软件业	3.36	19.21	24.35
金融业	12.11	27.81	11.00
房地产业	6.15	31.07	22.44
租赁和商务服务业	14.00	53.92	18.36
科学研究、技术服务和地质勘查业	9.79	22.47	10.94
合计	80.29	211.99	—
全市从业人员总计	358.59	868.42	—

4.3　上海服务分工的动力机制与限度

4.3.1　高级生产要素快速集聚

1）人力资本快速积累、质量显著提高

自 20 世纪 90 年代浦东开放开发以来，外来劳动力已经成为上海劳动力中不可忽视的新生力量。一方面，面向高学历、高素质人才的户籍准入制度促使从业人员的人力资本质量不断提高；另一方面，上海的高等教育发展位于全国领先地位，培养了大量本科生和研究生，他们在沪就业后迅速提高了本地从业人员的人力资本。

2010 年上海外来劳动力的数量已经超过本地劳动力的数量，占全部从业人员的比重是 56.1%。1978 年，上海从业人员为 698.32 万人，平均受教育年限是 7.35 年，人力资本存量为 5 135.66 万人年。2010 年，上海从业人员的平均受教育年限是 11.26 年，人力资本存量是 12 281.61 万人年(廖远甦等，2012)。

2）各种要素市场不断完善

自 20 世纪 90 年代以来，经过 20 多年的发展，上海形成了以货币资金、证券、产权、外汇、保险、黄金、房地产、科技、人才以及劳动力市场为主的要素市场体系(周振华等,2010)。

在这些要素市场中,上海金融要素市场的发展相对最为完善:由币市、债市、股市、汇市、金市和期市等组成的多元化金融市场格局,涵盖了现货、回购、远期、掉期、期货与权证等重要金融交易机制,基本形成了比较完整的现代金融市场体系,国内金融中心地位基本确立。

以陆家嘴地区为例。① 人才集聚:陆家嘴作为"两个中心"的建设核心区正发挥着巨大的吸引力,以现代服务业为主的从业人员将近 20 万人。② 要素市场集聚:拥有证券、期货、钻石、石油、金融期货、人才、农产品、化工等 11 家国家级和市级要素市场。③ 中外金融机构集聚:截至 2011 年 9 月底,区域内有 626 家中外资金融机构。其中有 198 家银行,包括分行级以上中资银行 29 家,外资法人银行 18 家(占全国半数以上,全国有 32 家),外资银行分行 60 家;261 家证券类机构,包括证券公司 8 家,基金公司 30 家(接近全国一半,全国有 61 家),期货公司 19 家,外资证券基金代表处 50 家;167 家保险类机构。④ 跨国公司总部众多:区域内有跨国公司地区总部 71 家;中资银行总部 10 多家,其中国家级总部 1 家,上海市总部 9 家;外资法人银行 18 家。⑤ 商办楼宇高度集聚:区域内有 8 层以上商办楼宇 201 幢,地上建筑面积为 977 万 m^2;在建楼宇 28 幢,地上建筑面积约为 220 万 m^2;其中 1.7 km^2 陆家嘴中心区共有 45 幢楼宇。年内平均入住率达到 90%左右。"十二五"期间有 40 幢、约 350 万 m^2 的金融商办楼宇建成,主要分布在上海船厂、世纪大道沿线、塘东地区和新国际博览中心商务区。

4.3.2 技术创新与应用

1) 技术创新

近年来,上海市战略性新兴产业迅猛发展,规模持续扩大,产业技术创新能力进一步提升。在信息技术方面,截至 2011 年底,上海市集成电路生产总量达 166.31 亿块,比上年增长 46.6%;全年集成电路布图设计登记 301 件,占全国登记数的 23.03%;在上海市第四批 36 个自主创新和高新技术产业化重大项目中,新一代宽带无线移动通信网累计申请专利 300 多个,参与制定国家和行业标准 50 余个,促进了自主知识产权的创造和产业化(上海市经济和信息化委员会,2012)。

(1) 重大关键信息技术研发取得较大进展,在集成电路、通信和网络设备、新型显示、汽车电子、物联网等重点领域涌现出一批具有国际先进水平或国内先进水平的企业或技术,如中芯国际先进工艺进入 40 纳米、2011 年上海成为国家 4G 高速无线通信技术(TD-LTE)规模技术试验首批六个试点城市之一等。

(2) 在软件产业技术创新方面:一是研发投入不断增加,上海软件企业研发资金投入占软件总收入的比例平均达到 25%;二是产品结构不断优化,2011 年上海登记软件产品 3 634 个,累计 16 803 个(上海市经济和信息化委员会,2012),主要有基础软件、工具软件、网络通信软件、中间件软件、行业管理软件、信息管理软件等。

2) 技术应用

物联网、云技术、移动互联网等下一代新技术的应用将会成为推动上海信息化发展的重要力量。① 物联网领域:覆盖全市主要道路的综合性智能交通应用系统、具有相当规模的电子围界——浦东国际机场飞行区围界安防系统成功上线运营。② 云技术领域:盛大集团、华东电脑股份有限公司等企业突破了虚拟化、海量存储、云计算管理平台等关键技术,并实现了产业化应用。③ 移动互联网领域:随着移动终端的逐步普及,互联网信息服务业的企业纷纷推出了各具特色的位置服务应用，如盛大网络、丁丁网和大众点评网等。盛大文学网的“云中书城”利用云技术为版权方提供了包括内容录入、自主定价、营销推广、支付结算等在内的整体解决方案。

3）技术发展推动服务分工深化

推动金融服务内部不断分化，各种新兴金融业态不断出现。相对于传统的银行、证券、保险等商业性金融或政策性金融而言，各种新金融机构类型、准金融机构，或者某类金融子市场或创新金融服务工具、方式及标准等日益兴起。如近几年设立的消费金融公司、汽车金融公司、货币经纪公司等非银行金融机构；蓬勃发展起来的金融衍生市场、黄金交易市场，以及各类私募股权投资（PE）基金、风险投资（VC）基金、产业基金等。同时，还包括传统金融改革创新发展的新经营业态，如资金交易中心、票据中心、银行卡中心、私人银行、航运金融、小企业专营机构、贵金属部等各类营运中心。

信息服务受益于新技术、新产品、新应用、新商务方式的不断涌现，信息服务进入新一轮发展期：移动互联网的兴起，标志着信息服务业向移动化发展；围绕云计算为核心的软件服务化趋势明显；物联网广泛应用，推动信息服务业呈现出软硬件融合发展的态势。

由于技术上的限制，目前服务深层次空间分工的推动力还没有完全发挥作用，随着信息技术的进一步发展及云计算④的应用，服务业将在更大时空范围内进行分片外包业务。能够包含更大比例的价值链的部分，可以产生更大的协同和配套效应。

4.3.3 现代企业制度的建立与多元化企业组织

由于上海是全国国有企业最为集中的地区之一，尽管至今其生产性服务尚未完全从制造业中分离出来，但国有企业生产组织方式的变革对上海服务经济的发展仍然具有举足轻重的影响。

1984 年以后以城市为中心的改革全面推开，以转换经营机制为重点的企业改革成为重要内容。中共十二届三中全会之后，以放权让利、改善企业外部环境来培育企业动力机制为基本特征的改革进程更快。

1993—2003 年，尝试建立现代企业制度，上海在全国率先组建国有资产监督管理委员会，探索国有资产管理体制改革与国有企业改革的联动。1993 年上海在全国率先推进局改制工作，局改制的实质是组建国有资产授权经营公司，使其作为企业的投资主体，明确其产权。从 1993 年最先在纺织工业局、仪表电讯工业局开始试点起，到 1996 年 10 月上海已经基本上撤销了所有的行业性企业主管局，建立了国有资产授权经营公司（表 4-4）。截至 2006 年底，在上海经营性国有资产中，10%以上实现与外资合作，15%以上存在于上市公司，50%以上存在于股份制公司，累积有 1 200 多家企业实施了兼并破产（袁恩桢等，2008）。

表 4-4 上海部分企业主管局撤局建制的基本情况

企业主管局	组建成立控股公司	备注
纺织工业局	纺织国有资产经营管理公司	后改为上海纺织控股（集团）公司
仪表电讯工业局	仪电国有资产经营管理公司	后改为上海仪电控股（集团）公司
机电工业管理局	上海机电控股（集团）公司	1996 年与上海电气控股（集团）总公司重组
化工局、医药管理局	上海化工（集团）公司	1996 年上海化工（集团）公司与医药管理局重组组建上海华谊（集团）公司

续表 4-4

企业主管局	组建成立控股公司	备注
第一商业局	上海一百(集团)有限公司 上海友谊集团股份有限公司 上海华联集团股份有限公司	2003 年上海一百(集团)有限公司、上海华联集团股份有限公司、上海友谊(集团)有限公司与物资集团重组成立上海百联集团股份有限公司
冶金工业局	上海冶金控股(集团)有限公司	1998 年并入宝钢集团
交通运输局	上海交运(集团)公司	—
建筑工程管理局	上海建工(集团)总公司	—
建筑材料管理局	上海建筑材料(集团)总公司	—
水产局	上海水产(集团)总公司	—
农场管理局	上海农工商(集团)总公司	—
轻工业局、第二轻工业局	上海轻工控股(集团)公司	—
物资管理局	上海物资(集团)总公司	2003 年与商业三个集团重组

2006 年至今优化公司治理结构与国资国企改革。在国有企业基本完成公司制改造以后,企业改革的深化围绕着不断优化公司治理制度展开。特别是 2007 年以来,对控股公司的资产投放领域进行了梳理归并,突出主业,优化经营结构。另外,近年来上海中小企业发展迅速,以民营为主体的中小企业生产组织方式更为灵活。

4.3.4 服务分工的限度

1) 市场需求不足

上海及长三角制造业的发展基础约束着服务需求市场。制造业是生产性服务业发展的基础,发展生产性服务业离不开强大的制造业基础。一方面,当前国内的通货膨胀形势居高不下,通货膨胀带来了上海制造业成本的不断上升,工业生产者购进价格指数的上涨远高于工业生产者出厂价格的上涨指数;与企业资金利润率相比,利率的上升使企业的资金成本大幅上涨(沈开艳,2012)。另一方面,虽然长三角地区制造业的增长速度很快,但推动制造业增长的主要动力来自劳动密集型产品和资本密集型产品的需求拉动,在国际分工体系中大部分均处于这个体系的末端,即处于"品牌商—关键技术零部件供应商—零部件分包商"链条的最后一个环节。这些造成了上海及长三角制造业转型升级乏力,有效需求不足严重制约着服务分工的发展。

2) 民营企业整体发展水平低

从某种程度上来看,上海民营经济事实上一直处于在夹缝中生存的状态,即在国有和外资的夹缝中生产,在江苏、浙江的民营经济夹缝中生存(李双金等,2012)。民营企业的整体发展不充分,规模大、实力强的民营企业偏少。全国工商联合会公布的 2010 年全国民营企业 500 强中,上海企业仅有 19 家,排名前 100 位的仅有 5 家,上海民营经济在全国的整体地位还很低。民营企业的整体水平偏低将在很大程度上制约未来上海经济的创新与转型发展。

3）制度环境约束

尽管上海作为率先步入服务经济时代的城市，在税制改革试点等领域已经有所突破，但是生产性服务业所面临的税收、法律、监管、行政管理等制度瓶颈仍然是束缚其发展的关键问题（陶纪明等，2012）。例如，在现有税制下，对生产服务型企业按照营业税额全额征收营业税，并且服务分工越细，税收负担越重。又如民营企业在部分服务行业中的进入机会不平等，资源分配和占有不平等。在获取政府财政资金方面，政府往往以支柱行业或国有企业为参照对象制定扶持政策，较少考虑民营企业的发展状况；在一些关键性要素资源的分配和占有上，与国有企业相比，民营企业尤其是中小型民营企业普遍面临着融资难题。尤其是在信贷紧缩的宏观形势下，民营企业不仅贷款成本进一步增加，贷款门槛也进一步提高。

4.4 基于生产性服务业分工的多中心验证

1）数据来源与研究范围

数据来源：① 上海市第二次经济普查部分数据，由上海市城市规划设计研究院信息中心提供。普查的标准时点为 2008 年 12 月 31 日，时期资料为 2008 年度。普查的主要内容包括单位基本属性、从业人员情况、财务状况、生产经营情况及生产能力、能源消耗、科技活动情况等。普查对象是本市行政区域内从事第二产业和第三产业的全部法人单位、产业活动单位和个体经营户。本书研究所获得的数据包括按《国民经济行业分类》（GB/T 4754—2002）分类中的 4 大类 14 小类的生产性服务企业代码、企业名称、企业总就业人数以及所在邮编。②《上海金融年鉴（2009）》，由上海人民出版社 2009 年出版。数据包含 2008 年底上海金融总、分支机构名称及所在邮编。

研究范围是上海市域范围。截至 2008 年底，上海市下辖黄浦、卢湾、徐汇、长宁、静安、普陀、闸北、虹口、杨浦、闵行、宝山、嘉定、浦东、金山、松江和青浦 16 个区和南汇、奉贤和崇明 3 个县，总面积为 6 340.5 km^2。

根据上海市第二次经济普查数据，整理得到 2008 年上海 4 大类 14 小类生产性服务企业数量、就业人数具体如下：① 从企业数量来看，咨询服务、货运代理、广告服务企业数量最多，分别是 9 500 家、5 768 家和 4 066 家；② 从就业人数来看，货运代理、咨询服务、银行、软件服务的就业人数最多，都在 11 万人以上（表 4-5，图 4-6）。

表 4-5　2008 年上海 4 大类 14 小类生产性服务企业数量及就业人数

大类	企业类型及所对应的国标四级代码	企业数量（家）	就业人数（人）
J 金融	银行（6810、6820、6890）	2 664	116 783
	证券（6910、6920、6930、6940）	659	23 051
	保险（7010、7020、7030）	964	72 349
	其他金融活动（7110、7120、7130、7140、7150、7190）	484	17 335

续表 4-5

大类	企业类型及所对应的国标四级代码	企业数量（家）	就业人数（人）
F 物流	货运代理(5720)	5 768	131 147
	快递及邮政(5990、5910)	558	38 963
	货物运输(5120、5220、5421、5422、5423、5512)	1 997	106 059
	仓储及搬运(5810、5890、5710)	1 963	67 914
L 商务服务	法律服务(7421、7422、7429)	874	14 145
	会计、审计及税务服务(7431)	820	21 713
	广告服务(7440)	4 066	45 385
	咨询服务(7433、7439)	9 500	118 231
G 信息技术	计算机服务(6110、6120、6130、6190)	3 536	73 048
	软件服务(6211、6212、6290)	3 226	116 751

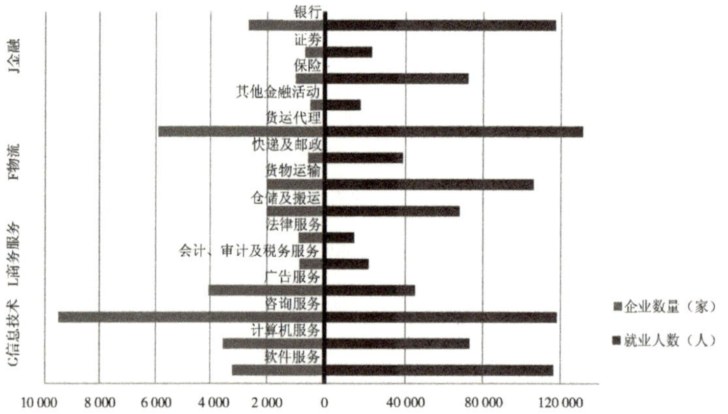

图 4-6　2008 年上海 4 大类 14 个小类生产性服务企业数量及就业人数情况

2）研究方法

通过 $n_{X\%}$ 指标来定量测度不同生产性服务企业的空间集聚特征，在此基础上进一步挖掘数据信息，如企业类型（总—分—支企业层级关系、功能机构）、业务市场比例、资产量等，综合判断中心类型及功能。由于金融业层级结构明显，可以补充泰勒的网络关联法进一步测度。最后，剖析不同生产性服务行业的空间叠加关系。

现有的赫达尔芬、EG 指数等测度方法主要基于制造业，虽然部分学者将其直接移用到服务业，但有学者指出因服务业具有生产和消费时空上的不可分性，比制造业更依赖本地市场的容量，并且有更为显著和典型的空间集聚效应，传统指标可能会在服务业研究中失效。

希尔默（Shearmur）和艾尔沃尼格（Alvergne）在巴黎大区的商务服务业空间研究中首次使用 $n_{X\%}$ 指标的方法，分别计算不同生产服务企业的集聚指数 $n_{50\%}$、分散指数 $n_{100\%}$ 和 $n_{100\%}-n_{90\%}$（见第 1.2.1 节）。与现有测度产业集聚指标相比，该方法有三个优点：① 同时测度了行业的空间集聚和空间分散程度；② 相对指标，便于不同行业之间进行比较；③ 对数据要求不高，可操作性强。

泰勒的网络关联法尽管最初应用在测度全球城市的网络连接性上，但其方法的内在核心是通过测度具有分支机构的生产性服务企业来考察节点与节点之间的联系。由于金融机构的层级结构明显，本书将其应用在城市层面的金融服务分工的多中心考察上。

3）生产性服务业空间集聚差异的基本测度

根据 $n_{50\%}$ 和 $n_{100\%}-n_{90\%}$ 指数法测度的数值划分区间，发现上海 4 大类 14 小类生产性服务行业之间的空间集聚性差异明显（表 4-6）。

① 显著集中型：证券和软件服务具有显著的空间集聚特征，只作用少数几个中心。② 集中型：保险、其他金融活动、快递及邮政、货物运输、仓储及搬运、计算机服务、法律服务、广告服务及会计、审计及税务服务具有一定的空间集中性，并主要集中在中心城区的不同节点。③ 显著集中与显著分散型：货运代理、咨询服务既存在高度集中（如货运代理企业主要分布在虹口北外滩）趋势，又存在明显的空间分散趋势。④ 集中与分散同时存在型：银行业既存在集中地区，也有广阔的服务网点分布要求。

生产性服务行业具有特定的要素组成和技术特征，使得不同生产性服务行业的空间集聚差异显著。叶德磊（2010）研究认为不同行业的信息时间密度需求差别对空间集聚程度的影响显著，并以此解释证券业（尤其是证券投资基金）空间集聚程度最为显著的现象。

对市场信息需求的时间密度大，基金公司必须连续性地掌握和研判市场信息，否则就可能丧失投资机会或发生投资决策失误。而连续几天的信息空白期对其他金融机构（如商业银行、保险公司等）的业务经营不会产生大的影响。

在基金的投资市场上，其他基金公司或投资者如果因为某一信息或某一束信息而迅速做出了某一投资决策，那么在变幻莫测的股票市场上，不知晓这一信息的基金公司就可能被边缘化，甚至会做出相反的投资决策，充当其他基金公司的“垫脚石”或“掩护人”。……这类似于经济学家布坎南(Buchanan)1965 年描述的俱乐部现象，即一群偏好相近的个体共同享受和消费一种或少数几种拥挤性质的俱乐部产品（准公共产品），同时排除非俱乐部成员的消费。空间集聚中的基金公司组成了若干“俱乐部”，以共同享受和消费信息这种俱乐部产品（叶德磊，2010）。

表 4-6　根据 $n\%$ 指数法测度的生产性服务业空间分布特征

	类型	行业	指标
1	显著集中型	证券、软件服务	$n_{50\%}<12, n_{100\%}-n_{90\%}<100$
2	集中型	保险、其他金融活动、快递及邮政、货物运输、仓储及搬运、计算机服务、法律服务、广告服务及会计、审计及税务服务	$n_{50\%}<40, n_{100\%}-n_{90\%}<100$
3	显著集中与显著分散型	货运代理、咨询服务	$n_{50\%}<12, n_{100\%}-n_{90\%}>100$
4	集中与分散同时存在型	银行	$n_{50\%}<40, n_{100\%}-n_{90\%}>100$

4.4.1　基于金融服务分工的多中心

1）金融服务发展概况

目前中国金融体系实行的是银行、证券和保险三大类“分业经营、分业监管”方式（图 4-7）。其中商业银行、证券公司和保险公司是最重要的金融机构类型，其他金融机构主要包括信托投资公司、企业集团财务公司、金融租赁公司、汽车金融公司、金融资产管理公司、保险中介机构、期货经纪公司等。

最近10年中国的金融业发生了重大变化,金融业从传统的吸存放贷等单一业务走向以围绕信息生产及信息增值⑤为主的综合性、多元的服务活动。四大国有银行先后完成股份制改革、新兴金融业务异军突起⑥、不同金融机构相继开展数据和后台的大集中以及金融服务外包现象不断涌现,极大地变革了金融服务的生产。

研究假设是,金融管理决策、金融产品生产和创新、金融终端服务、金融技术支持,这四种金融功能在空间上可以相互分离,并且由于区位需求的不同,在集聚经济的影响下,在空间上形成不同功能类型的中心。通过访谈及参考相关文献,表4-7列出了对应四种金融功能的金融机构各自不同的区位需求。

金融机构是金融功能的载体。不同层级的金融机构承担着不同的金融功能。因此,通过测度具有分支机构的金融机构集聚及网络,来代替对金融功能的测度,进而分析集聚中心的类型与分工。

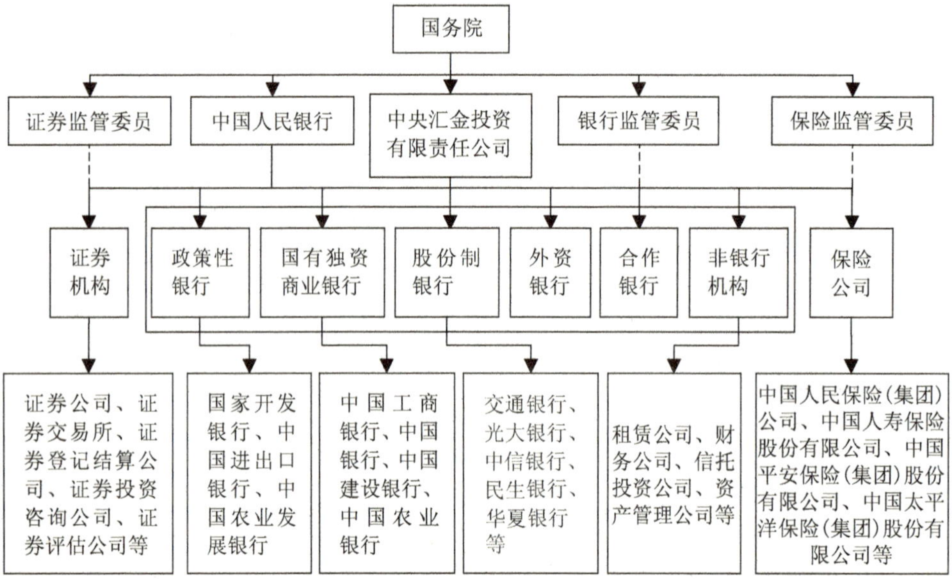

图4-7 中国金融机构体系

表4-7 基于服务链的金融功能分类及所对应的金融机构

金融功能分类	职能	所对应的金融机构	区位需求
金融管理决策	经营决策、信用资产审批、组织管理分支机构	金融机构总部,如银行、证券、保险总公司或分公司	•方便与其他高层组织的头脑部门面对面接触,地理临近性。 •在交通和通讯网络中处于战略地位,便于组织大都市区范围内的空间分散部门。 •便于获取高质量的外部服务及一定数量的高级知识人才

金融功能分类	职能	所对应的金融机构	区位需求
金融产品生产和创新	金融产品生产、研发新的金融产品	金融机构生产职能部门	•临近目标客户，与客户交互反馈，生产量身定制的金融产品。 •临近同类型金融机构，方便机构之间频繁交流。 •便于获取高质量的外部服务及一定数量的高级知识人才
金融终端服务	吸存放贷、代理买卖证券、保险分销、扩大市场份额	银行支行及以下；证券营业部；保险支公司及以下等	•临近一般客户
金融技术支持	数据和后台集中	金融机构技术部门、服务外包公司	•相对灵活，信息网络技术的发展使其降低对核心企业地理临近性的依赖

2）测度金融机构集聚中心

根据《国际经济行业分类》(GB/T 4754—2002)分类，本书选定的J金融业大类下的四级代码号为：6810、6820、6890、6910、6920、6930、6940、7010、7020、7030、7110、7120、7130、7140、7150、7190，共计4 771家金融机构。

依据金融服务分类及上海金融服务企业类型现状，将2008年的上海金融服务企业分为以下四类：① 银行，2 664家；② 证券，659家；③ 保险，964家；④ 其他金融机构，484家(表4-8，图4-8)。

表 4-8　2008 年上海金融服务企业类型及集聚分析

大类	企业类型及所对应的国标四级代码	企业数量(家)	$n_{50\%}$	$n_{100\%}$	$n_{100\%}-n_{90\%}$	$n_{50\%}$分布邮编
J(金融)	银行(6810、6820、6890)	2 664	35	220	101	120、40、30、1103、92、02、122、70、129、01、11、336、1100、333、1203、21、434、135、1600、1700、51、233、72、25、10、50、42、32、1400、03、82、1800、1900、80、240
	证券(6910、6920、6930、6940)	659	11	92	40	122、120、30、135、40、63、42、11、1103、25
	保险(7010、7020、7030)	964	19	133	64	120、40、1400、1700、1511、122、30、1600、135、70、2150、1300、01、50、92、1800、11、1100、32
	其他金融活动(7110、7120、7130、7140、7150、7190)	484	35	196	48	120、02、40、92、01、30、122、42、434、1103、333、135、1203、11、51、32、70、336、1613、1300、233、1400、80、127、31、10、1800、21、72、25、435、1500、52、81、126

注：此处上海市邮政编码省略20、200或2000开头，下同。

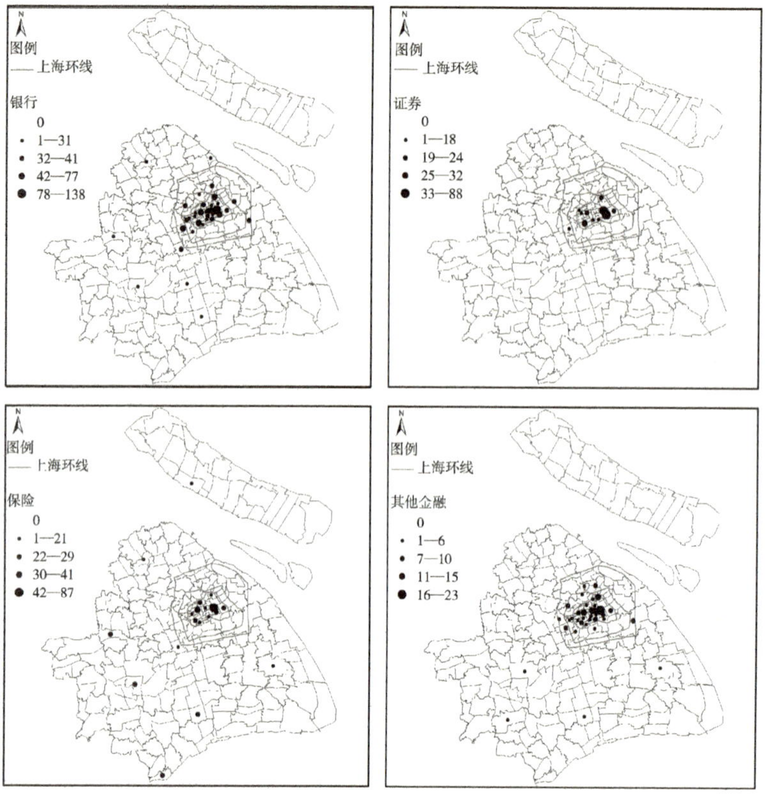

图 4-8　2008 年上海四类金融服务企业 $n_{50\%}$ 分布邮编

表 4-9　金融机构分类及赋值

商业银行			证券公司	保险公司	其他金融机构	赋值
国有商业银行	中小商业银行	外资商业银行				
上海分行	总行或上海分行	上海分行	总公司	总公司	—	3
资产经营部、外汇营业部、银行信用卡中心等	资产经营部、银行信用卡中心等	资金运营中心等	—	客户服务及后援中心	—	2
支行	支行	支行	营业部	支公司或营业部	—	1
信息技术管理部、电子银行部	信息技术管理部、电子银行部	信息技术管理部、电子银行部	信息技术管理部	信息技术管理部	—	1

3）网络关联法进一步测度

应用泰勒提出的网络关联方法[7][8]来进一步测度金融机构集聚中心及网络关系，按照金融机构对应功能的重要程度对其一一赋值[9]（表 4-9）。接下来以邮编单元为单位[10]，按照上述赋值原则分别统计各邮编单元内金融机构赋值后的总和并进行网络关联计算。为了清晰地看出各节点之间的关联程度，将整个矩阵中的所有数值（C_{ab}）的前 0.5%、前 0.5%—2%、前 2%—5%分别提取出来，共含有三种联系强度的等级，绘制成图 4-9。

（1）商业银行网络

① 国有商业银行

第一，陆家嘴、外滩、卢湾区是国有商业银行上海分行及生产创新型职能部门（各种营运中心）的集聚地。随着 2003 年以来国有商业银行的股份制改革，大量的生产创新型职能部门开始在浦西内环内地区多点集聚。前 10 位其他节点则主要集聚国有商业银行支行。第二，在前 10 位节点中，中心城占 8 位，郊区占 5 位[11]。第三，覆盖范围最广，遍及上海主要行政区划。承担着支持国民经济发展的责任，服务网点按照行政区划和人口密度布点。第四，技术支持、数据处理中心在张江银行卡产业园集聚（图 4-9）。

② 中小商业银行

第一，陆家嘴、外滩、静安区是中小商业银行总行或分行及生产创新型职能部门的集聚地，前 10 位其他节点主要集聚中小商业银行支行。第二，在前 10 位节点中，中心城占 7 位，郊区占 3 位。第三，覆盖范围小于国有商业银行，尤其是小型商业银行的灵活性和针对性强，目标客户也更加明确[12]。第四，技术支持、数据处理中心在张江银行卡产业园集聚（图 4-10）。

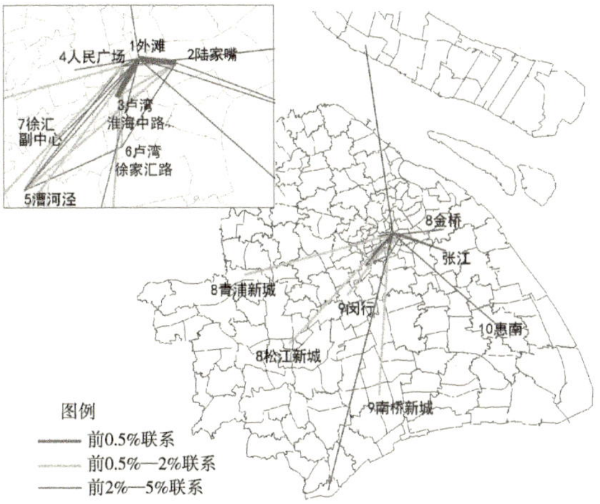

图 4-9 2008 年上海国有商业银行网络

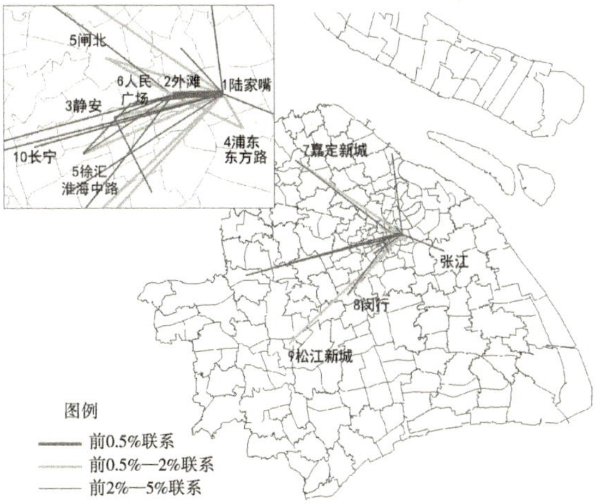

图 4-10 2008 年上海中小商业银行网络

③ 外资商业银行

第一，陆家嘴是外资银行上海分行的集聚地，徐汇副中心及徐汇淮海中路、虹桥开发区是外资银行支行的重要集聚地；第二，前 10 位节点全部都在中心城；第三，覆盖范围基本集中在中心城；第四，技术支持、数据处理中心在张江银行卡产业园集聚(图 4-11)。

(2) 证券公司网络

① 陆家嘴、人民广场和长宁江苏路是证券公司总公司或分公司的集聚地，前 10 位其他节点是证券营业部的集聚地。② 前 10 位节点都在中心城。③ 覆盖范围基本集中在中心城，只有两家证券公司在郊区设有分支机构。随着计算机信息技术的发展，证券终端服务功能不再完全依赖于营业部网点分布。④ 技术支持、数据处理中心在张江银行卡产业园集聚(图 4-12)。

(3) 保险公司网络

① 陆家嘴和静安区是保险总公司或分公司集聚地。另外郊区对于保险服务功能有着强烈的需求，绝大部分保险公司都在郊区设立支公司，导致郊区新城支公司的集聚度超过总公司或分公司的集聚度。因此在前 10 位节点中郊区排名靠前，而中心城排名靠后；② 在前 10 位节点中，中心城占 2 位，郊区占 8 位。③ 覆盖范围遍及上海主要行政区划。④ 技术支持、数据处理中心在张江银行卡产业园集聚(图 4-13)。

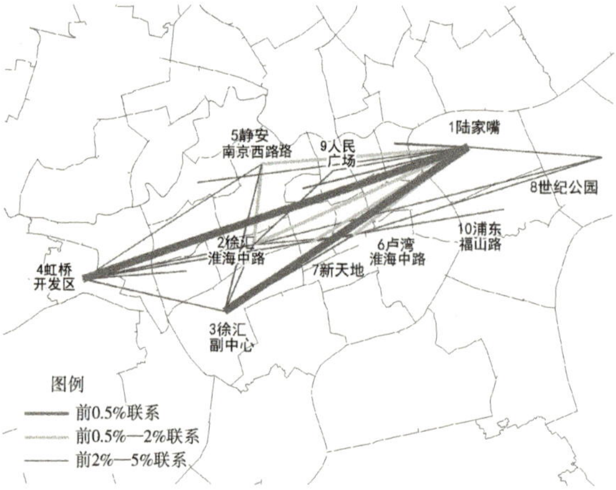

图 4-11　2008 年上海外资商业银行网络

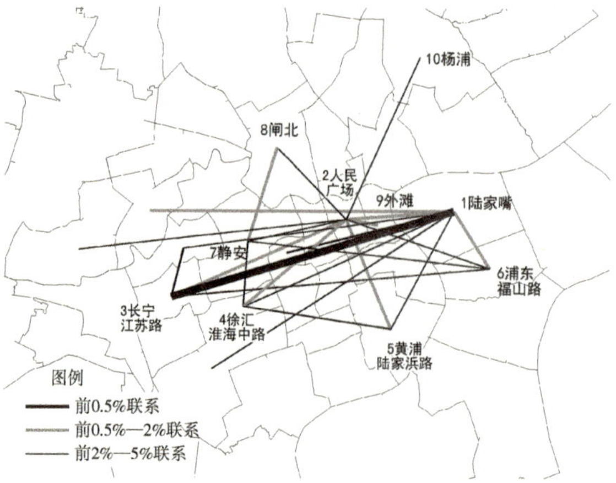

图 4-12　2008 年上海证券公司网络

(4) 其他金融机构网络

信托、财务公司、保险中介机构、基金管理公司、期货经纪公司等金融机构在上海一般只设一个办公机构，这些机构主要集聚在陆家嘴。

4) 基于金融服务分工的中心类型

上述商业银行、保险公司、证券公司及其他金融机构四类不同类型的生产网络相互叠加、交织成上海金融生产地图，参考金融机构总部或分支机构的数量和类型、金融业务的市场比例、金融资产量等因素，四种类型的中心(节点)及其相应的功能可以识别出来。

管理决策型中心——陆家嘴(200120)，它在所有金融机构网络中处于最核心的地位。首先，它是银行、保险公司及证券公司上海总部最重要的集聚地，具有金融战略和决策的功能。其次，陆家嘴是其他金融机构，尤其是资金与资产管理机构[13]最重要的集聚地。这些资产管理公司的背后是庞大资金流的汇集(表4-10)，因此陆家嘴还控制着大量的金融资本。最后，陆家嘴是金融要素市场的集聚地，如证券市场、期货市场、金融期货市场等，大量的金融交易在这里进行。

生产创新型中心——以外滩为核心的浦西内环内地区，包括外滩(200002)、人民广场(200003)、静安(200040、200041)、卢湾(200021、200023)、徐汇(200030、200031)、虹桥(200336)几个重要的节点地区。

这一地区的节点集聚有大量的生产和创新型金融机构，并有少量的总部型金融机构，部分金融业务甚至超过陆家嘴：① 外滩是中资商业银行总行或分行的重要集聚地，其外汇业务比例高于陆家嘴。2008年底，尽管外滩中资商业银行的人民币存贷款分别是5 219.3亿元和3 354.2亿元，分别占上海中资商业银行人民币存贷款比例的17.8%和19.3%，但是其外汇存贷款分别为78.6亿美元和63.1亿美元，分别占上海中资商业银行外汇存贷款比例的47.2%和48.3%(表4-11)。② 静安是保险公司，尤其是人寿保险总公司或分公司的重要集聚地。2008年底，静安人寿保险公司的保费收入达到近173.9亿元，占上海人寿保险市场的近40%，而第二位的陆家嘴和第三位的卢湾分别只占19.8%和18.6%(表4-12)。③ 徐汇是证券类金融机构的一个重要集聚地，包括有申银万国证券公司总部、天治基金管理有限公司、上海大陆期货有限公司等。仅申银万国证券公司的B股经纪业务和代办股份转让业务，就分别占到市场比例的10.3%和31.6%(一级市场)，排名第一。④ 虹桥开发区(200336)集聚了大量的外资银行金融机构，以方便开发区内外资企业[14]的金融服务需求。

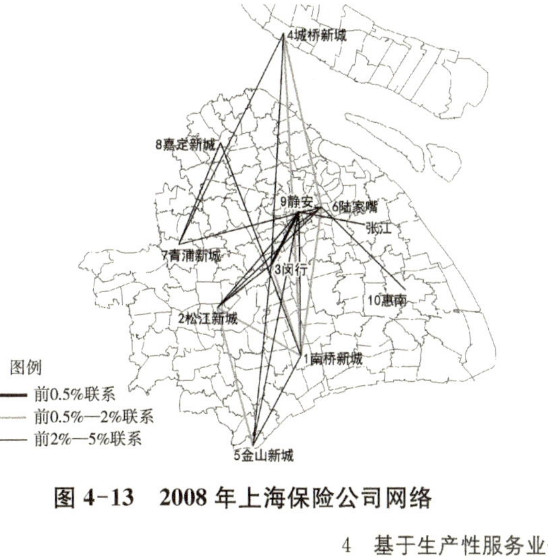

图4-13 2008年上海保险公司网络

表 4-10　2008 年底上海的资金与资产管理机构

	机构名称及个数	占全国比例（%）	管理的资产规模（亿元）	占全国比例（%）
银行业	商业银行资金营运机构 6 家，私人银行机构 10 家	—	—	—
证券业	基金管理公司 30 家	50	7 210	37.1
保险业	保险资产管理公司 6 家	60	10 000	46.0

表 4-11　2008 年底上海主要节点地区中资商业银行存贷款

	中资商业银行数量（家）	人民币信贷（亿元）				外汇信贷（亿美元）			
		存款（亿元）	比例（%）	贷款（亿元）	比例（%）	存款（亿美元）	比例（%）	贷款（亿美元）	比例（%）
陆家嘴	6	16 980.8	57.3	9 487.8	54.1	72.3	43.4	58.9	45.0
外滩	6	5 219.3	17.8	3 354.2	19.3	78.6	47.2	63.1	48.3
卢湾	2	3 512.1	11.9	2 102.4	12.0	9.36	5.6	7.57	5.8
人民广场	2	1 230.8	4.2	773.2	4.4	—	—	—	—
静安	2	714.0	2.4	470.1	2.7	—	—	—	—

表 4-12　2008 年底上海静安、陆家嘴、卢湾主要保险公司的保费收入

	人寿保险			财产保险		
	公司数量（家）	保费收入（百万元）	占市场比例（%）	公司数量（家）	保费收入（百万元）	占市场比例（%）
静安	8	17 387.6	37.6	5	2 000.9	18.0
陆家嘴	12	9 130.9	19.8	8	2 257.7	15.9
卢湾	2	8 579.2	18.6	2	975.0	6.9

服务型节点——松江、嘉定、闵行等八个郊区新城及南汇惠南镇。这类中心服务于广阔的郊区腹地，日益集聚了各种银行和保险类的金融分支机构。2000—2008 年，上海郊区新城的金融分支机构数量翻了一倍（表 4-13）。

表 4-13　2000 年、2008 年上海郊区新城的金融分支机构数量　　（家）

	闵行（201100）		松江（201600）		嘉定（201800）		青浦（201700）		奉贤（201400）	
	2000 年	2008 年	2000 年	2008 年	2000 年	2008 年	2000 年	2008 年	2000 年	2008 年
银行支行	9	19	11	17	10	15	7	15	6	12
保险支公司	5	19	6	20	5	17	5	15	4	14
证券营业部	3	2	3	2	3	2	3	2	2	2
合计	17	40	20	39	18	34	15	32	12	28

续表 4-13

	南汇(201300)		宝山(201900)		金山(200540)		崇明(202150)		临港(201308)	
	2000 年	2008 年	2000 年	2008 年	2000 年	2008 年	2000 年	2008 年	2000 年	2008 年
银行支行	5	12	8	13	4	8	4	7	0	1
保险支公司	4	16	1	8	4	18	2	10	0	0
证券营业部	2	1	2	2	2	2	2	2	0	0
合计	11	29	11	23	10	28	8	19	0	1

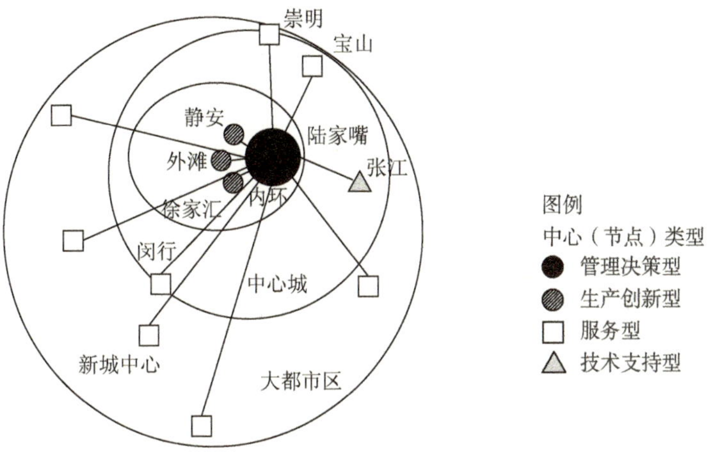

图 4-14　基于金融服务分工的多中心

表 4-14　基于金融服务分工的中心职能和类型

类型	金融功能中心	具体职能
管理决策型	陆家嘴	组织金融分支机构，金融经营决策、信用资产审批
生产创新型	以外滩为核心的浦西内环内地区，包括外滩(200002)、人民广场(200003)、静安(200040、200041)、卢湾(200021、200023)、徐汇(200030、200031)、虹桥开发区(200336)	金融生产和金融产品创新；争取优质客户；少量金融决策和审批权
服务型	松江、嘉定、闵行等八个郊区新城及南汇惠南镇	推广产品、扩大市场份额
技术支持型	张江银行卡产业园	技术支持、服务外包

技术支持型节点——张江银行卡产业园，集聚了大量后台支持服务功能的金融机构，如中国人民银行支付系统上海中心、中国银行上海信息中心、中国平安保险(集团)股份有限公司全国客户服务及后援中心、上海期货交易所金融衍生品研发和数据处理中心等(图 4-14，表 4-14)。

4.4.2　基于商务服务分工的多中心

1）商务服务发展情况

商务服务业是属于“定制化”程度相对高的人力资本密集行业，包括会计、法律服务、咨询与调查、广告业、职业中介服务等行业，其外延范围目前仍在不断拓展和延伸。各国对商务服务业类型划分的统计差异较大，中国《国民经济行业分类与代码》(GB/T 4754—2002)对商务服务业类型的具体划分包括企业管理服务、法律服务、咨询与调查、广告业、知识产权服务、职业中介服务、市场管理、旅行社及其他商务服务。

本书主要关注法律、会计、广告、咨询四类商务服务。

(1) 法律服务

目前上海除了国际知名律师事务所外，本土律师事务所有两种类型：一是老的国资律师事务所经过改制后发展而来；二是由大量的留学归国人士创办的律师事务所(史建三等，2010)。本土律师事务所在参与国际融资、大型基础和能源设施建设、境外上市等涉及复杂及国际仲裁、WTO 项下纠纷等国际化、专业化特征显著的涉外法律服务市场方面，缺少竞争优势。另外在法律服务产品研发和创新方面，也落后于国外律师事务所。

根据上海市第二次经济普查数据，上海法律服务企业共计 874 家，其中有 18 家外资办事处(代表处)，51 家国内分所。就单个城市而言，通常不设分支机构。在与国外联系方面，美国在上海设立的办事处(代表处)最多，其次是英国、德国等；在与国内联系方面，与北京的联系最强，其次是广东(表 4-15)。

(2) 会计服务

2008 年底，上海会计企业共计 820 家。在上海有 2 家及 2 家以上分支机构的有 17 家，包括分支机构在内共 44 家。总部在北京、在上海设分所的共 19 家；总部在广东、在上海设分所的有 4 家；其他共计 5 家。另外，合资会计事务所 8 家，其中外资四大会计事务所的竞争力很强，注册会计师占总量的 20%、占上海 60%以上的市场份额(上海市商务委员会，2010)(表 4-16)。

近年来，上海会计服务另外一个突出现象是由于二手车市场交易活跃及相关促进二手车交易政策的放宽，上海二手车经纪(评估)公司发展迅速，截至 2008 年底达到 66 家。这些二手车经纪(评估)公司主要集中在普陀区中山北路及其附近。

(3) 广告服务

2008 年底上海广告服务企业共计 4 066 家，包括广告媒体代理企业及广告设计企业、广告影视制作及广告调查等企业类型。根据访谈了解到，目前上海的广告服务价值链已初步形成，但前端价值链的发展并不充分，后端影视制作公司也有很大发展空间。大型广告公司甚至广告集团等经营组织从企业战略规划到广告活动实施的各个环节为广告主提供全面服务。中小广告公司则多从事单项单层服务，在广告调查、广告制作、媒介投放、业务咨询、户外广告活动等某一环节深入发展，走广告服务的“专业化”道路。

表 4-15　上海法律服务企业外资办事处及国内分所数量及来源地

<table>
<tr><th>法律服务</th><th>来源地</th><th>数量(家)</th><th>法律服务</th><th>来源地</th><th>数量(家)</th></tr>
<tr><td rowspan="5">国外驻上海办事处(代表处)(共计 18 家)</td><td>美国</td><td>7</td><td rowspan="5">国内驻上海分所(共计 51 家)</td><td>北京</td><td>30</td></tr>
<tr><td>英国</td><td>4</td><td>广东</td><td>6</td></tr>
<tr><td>德国</td><td>2</td><td rowspan="2">江苏、浙江、河南、湖南、湖北</td><td rowspan="2">各 2 家</td></tr>
<tr><td>荷兰</td><td>2</td></tr>
<tr><td>其他</td><td>3</td><td>其他(包括 1 家香港法律办事处)</td><td>5</td></tr>
</table>

表 4-16　上海会计企业合资及国内分所数量及来源地

会计服务	来源地	数量(家)	会计服务	来源地	数量(家)
合资会计事务所(共计 8 家)	—	—	国内驻上海分所(共计 38 家)	北京	19
				广东	4
				其他	5

广告前期咨询、市场调查目前不成熟，中国的地域广阔，就算是跨国4A公司所做的市场调查，也存在抽样偏少、官方数据大部分没法用、数据空缺等问题。因此，现在本土广告公司前期主要是个人魅力型，靠经验，要走向专业化、标准化还有很长一段路要走。

广告公司不能离开商业环境，广告人员需要把握市场的瞬息变化，这是其专业能力的重要组成部分。静安区南京路上开了一些名表店，普通人可能会不在意，但广告人是非常敏感的，几十万元的名表背后实际上体现了一种消费能力。如果他在上海郊区工作，怎么能想到呢，肯能想都不敢想。

广告拍片可以外聘，美工也可以外聘，原因在于现在网上沟通非常方便[15]。

(4) 咨询服务

咨询服务是运用各种专业知识，为企业设计、制定相配套的解决方案，提供战略开发、企业融资、经营运作、组织架构、风险管理、营销/销售与渠道等服务。1992 年以来，外资大量进入上海，一批为跨国公司打前站的国际著名咨询机构，如安达信会计师事务所、麦肯锡公司、波士顿咨询公司及普华永道会计师事务所等相继在上海设立了分支机构，对国内咨询业界产生了重要影响(李小钢，2002)。由于咨询业的门槛较低，除了少数国际著名咨询机构、国有科研、咨询院所外，咨询企业的规模普遍较小(汪珉，2006)

截至 2008 年底，上海咨询服务企业共计 9 500 家，就业人数为 11.8 万人，涉及多种不同类型，如工程咨询、决策咨询、管理咨询、技术咨询等。

2) 测度商务服务企业集聚中心

根据《国民经济行业分类》(GB/T 4754—2002)分类，将 L 商务服务大类中的企业类型——四级代码号为法律服务(7421、7422、7429)，会计、审计及税务服务(7431)、广告服务(7440)、咨询服务(7433、7439)提取出来，共计 15 260 家商务服务企业。以邮编为单位，分别对四种类型的商务服务企业数量进行统计分析，并根据 $n_{50\%}$ 指数法进一步测度集聚程度，结果如表 4-17 和图 4-15 所示。

表 4-17　2008 年上海主要商务服务企业类型及集聚度分析

大类	企业类型及所对应的国标四级代码	企业数量(家)	$n_{50\%}$	$n_{100\%}$	$n_{100\%}-n_{90\%}$	$n_{50\%}$ 分布邮编
L 商务服务	法律服务(7421、7422、7429)	874	14	108	59	120、40、122、30、32、70、81、60、11、52、42、92、135
	会计、审计及税务服务(7431)	820	16	131	60	63、30、40、50、120、11、122、92、02、233、01、25、81、51、1400、80
	广告服务(7440)	4 066	16	156	90	30、40、50、42、233、52、60、70、32、51、232、63、120、11、01、122
	咨询服务(7433、7439)	9 500	15	180	124	30、40、120、122、50、52、70、233、01、1103、21、51、32、92、63

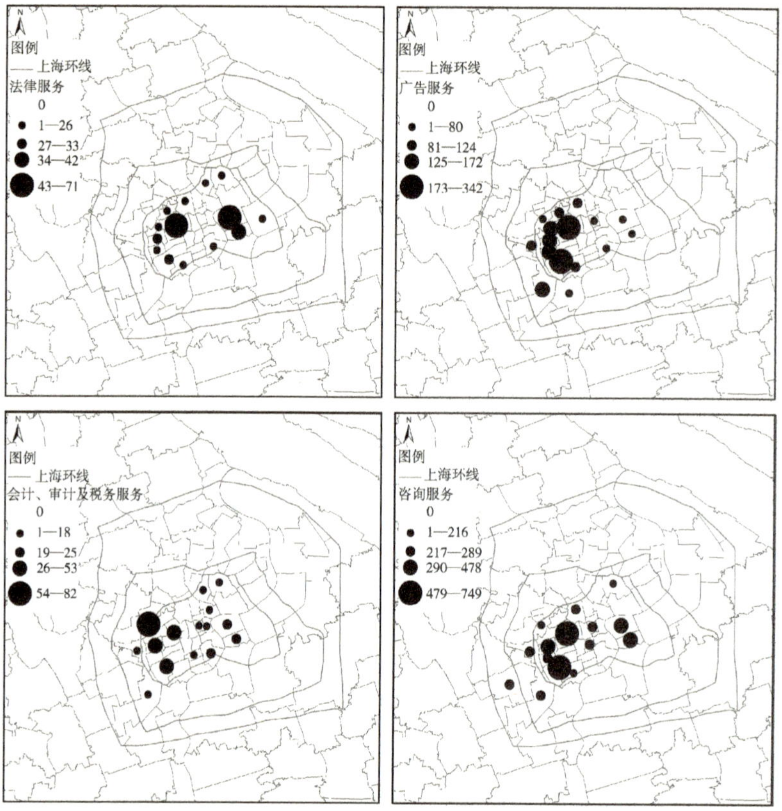

图 4-15　2008 年上海四类商务服务企业 $n_{50\%}$ 分布邮编

3）基于商务服务分工的中心的类型

从商务服务整体来看，徐汇（200030、200031）、静安（200040、200041）、陆家嘴（200120、200122）是高端商务服务最为集聚的三个节点，另外内环内地区商务服务密集、相对均质化的特征明显。2008 年上海商务服务集聚中心（节点）呈现出两种类型：生产创新型中心（节点）和技术支持型节点。

生产创新型节点如下：

（1）徐汇（200030、200031）、静安（200040、200041）是广告、咨询服务最为集聚的中心。徐汇（200030、200031）集聚了大量的跨国公司地区总部和国内企业总部，是广告、咨询公司主要的客户群体所在地。此外，其拥有大型本土综合性广告公司，如上海美术设计公司等。静安（200040、200041）南京西路是高端广告、咨询商务服务的集聚地区。如翰威特咨询、埃森哲咨询、马凯投资咨询、麦肯锡咨询等著名咨询跨国公司地区总部均选址于静安南京西路。

（2）陆家嘴（200120、200122）、静安（200040）是法律服务最为集聚的中心。陆家嘴的律师事务所集聚的原因主要与陆家嘴的金融业集聚有关，拥有一大批从事金融、航运法律服务的知名律师。

（3）静安（200040）、徐汇（200030、200031）、陆家嘴（200120、200122）是会计服务集聚中心。普华永道会计师事务所的地区总部选址于静安南京西路。

另外，普陀中山北路（200063）集聚了大量二手车经纪评估类会计企业。

嘉定和松江新城中心、宝山宝钢集团周边集聚了部分小型商务企业，为当地的大型制造业提供商务服务及提供本地简单的商务服务。

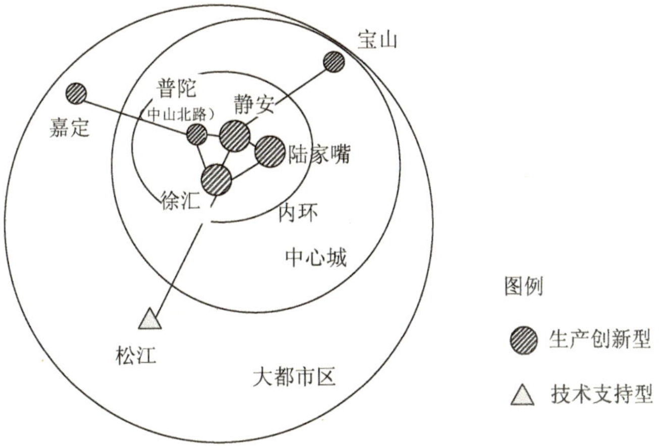

图 4-16　基于商务服务分工的多中心

表 4-18　基于商务服务分工的中心集聚企业类型和职能

商务服务中心类型	商务服务中心(节点)	集聚企业类型	职能
生产创新型	陆家嘴(200120、200122)	拥有集聚度最高的大量律师事务所	以提供金融法律服务、航运法律服务为核心
	静安(200040、200041)	4A广告公司、国际咨询公司	以提供高端广告、咨询服务为主
	徐汇(200030、200031)	本土大型商务企业	以提供高端商务服务为主
	宝山(宝钢集团周边)	小型商务企业	① 针对当地大型制造企业提供商务服务; ② 为本地提供简单的商务服务
	松江新城中心		
技术支持型	松江永丰街道	广告影视制作	提供外包影视服务

技术创新型节点:松江永丰街道,集聚了大量的下游广告影视制作公司,主要提供外包影视服务(图 4-16,表 4-18)。

对广告业进一步分析发现:① 广告服务最为集聚的两个节点是徐汇(200030、200031)和静安(200040、200041)徐汇拥有大量的跨国公司地区总部和国内企业总部,形成了广告公司服务主要供给的客户群体,并拥有以上海美术设计公司等为代表的大型本土综合性广告公司;静安南京西路(200040、200041)是高端广告服务公司的集聚地区,如跨国 4A 广告公司[16]大部分选址于静安南京西路。另外,南京西路、威海路上集聚了上海的强势广告媒体,如文广集团(电视部)、上海电视台、《新民晚报》和《文汇报》等,这些电视台和报社往往衍生出一些媒体代理型广告公司。例如,从属于文广集团生存的一些公司主要依靠媒体开展业务,集聚的原因就是工作起来方便,容易操作。其次是内环内其他地区节点,如黄浦汉口路(200001)、长宁(200050、200051、200052)等。再次,嘉定、松江、奉贤新城中心集聚了大量的广告公司,以小型规模为主,主要提供简单的广告策划服务及下游广告制作服务等。② 嘉定

表 4-19　基于广告服务分工的中心及集聚企业类型

基于广告服务分工的中心	集聚企业类型
静安南京西路、威海路(200040、200041)	① 媒体依赖型广告公司,如与文广集团(电视部)、上海电视台、《新民晚报》和《文汇报》等联系密切的广告公司; ② 跨国 4A 广告公司
徐汇(200030、200031)	本土综合性广告公司(上海美术设计公司)
黄浦区汉口路(200001)	媒体依赖型广告公司,与《解放日报》等联系密切的广告公司
长宁(200050、200051、200052)	媒体依赖型广告公司,与文广集团(广播部)等联系密切的广告公司
嘉定、松江、奉贤新城中心	小型广告公司
嘉定安亭镇、金山金山卫镇、宝山宝钢集团周边	针对汽车、石化、宝钢集团制造业服务的广告公司
松江永丰街道	下游广告影视制作公司,以外包影视为主

安亭镇、金山金山卫镇、宝山宝钢集团周边集聚了少量针对汽车、石化及宝钢集团制造业服务的广告公司。③ 松江永丰街道可作为下游广告影视制作公司的集聚地区,主要提供外包影视服务(表 4-19)。

4.4.3　基于信息技术服务分工的多中心

1) 信息技术服务发展情况

上海信息技术服务的发展始于 20 世纪 80 年代初,经过 30 多年的发展,信息技术服务取得了较好的发展,集聚经济效应凸显。2011 年,上海信息技术服务实现营业收入 3 075 亿元,占第三产业的比重达到 9.96%,占全市国内生产总值的比重达到 5.8%。

软件业细分为系统软件、嵌入软件和应用软件三大类。系统软件处于服务链功能的高端,其技术壁垒高,同时附加值也高;嵌入式软件的编制属于服务链功能的中下端,其代工难度相对较小,利润较低。目前中国的软件服务还不能自成体系,重要的基础软件多依靠进口,国内的软件企业大多是在进口软件平台上从事应用开发,在系统集成、软件技术服务等领域,也往往从事较低端的业务(张惠萍,2012)。

2) 测度信息技术服务企业集聚中心

根据《国民经济行业分类》(GB/T 4754—2002)分类,将 G 信息技术大类中的企业类型——四级代码号为计算机服务(6110、6120、6130、6190)、软件服务(6211、6212、6290)提取出来,共计 6 762 家信息服务企业(表 4-20)。从上海市第二次经济普查数据来看,计算机服务企业与软件服务企业在数量上相差不大,基本上各占一半;软件服务企业内部以应用类软件服务企业为主。

需要指出的是,2002 年版《国民经济行业分类》(GB/T 4754—2002)对软件的分类方法与按价值链分类的方法存在一定的差异。其中对基础软件的划分标准是指为一般计算机用户提供的软件设计、编制、分析、测试等服务,与系统软件的定义有较大差别。应用软件的划分较为一致。软件服务的定义是为特定客户提供软件服务,以及与软件有关的咨询等活动。

表 4-20　上海信息技术服务企业的类型及数量

	信息技术服务企业[《国民经济行业分类(GB/T 4754—2002)四级代码》]	数量(家)
计算机服务企业	计算机系统服务(6110)、数据处理(6120)、计算机维修(6130)、其他计算机服务(6190)	3 536
软件服务企业	基础软件(6211)	923
	应用软件(6212)	1 819
	软件服务(6290)	484
合计		6 762

表 4-21　2008 年上海生产服务企业类型及空间集聚与分散指数

大类	企业类型及所对应的国标四级代码	企业数量(家)	$n_{50\%}$	$n_{100\%}$	$n_{100\%}-n_{90\%}$	$n_{50\%}$分布邮编
G 信息技术	计算机服务(6110、6120、6130、6190)	3 536	19	162	88	30、233、40、50、1203、1103、70、51、52、63、120、333、92、42、72、32、122、11、01
	软件服务(6211、6212、6290)	3 226	11	118	75	30、1203、233、40、120、1103、50、127、122、63、70

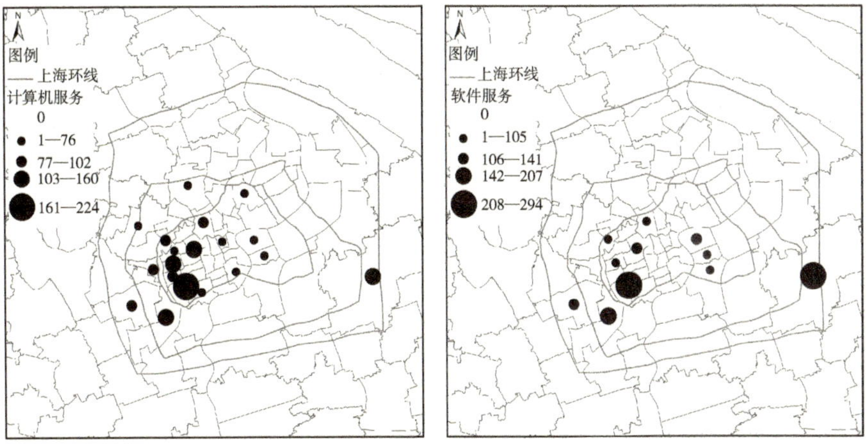

图 4-17　2008 年上海两类信息技术服务企业 $n_{50\%}$ 邮编分布

从上海软件行业的实际发展情况来看，这三类企业差别不大，因此本书将其作为一个整体来分析。

以邮编为单位，分别对信息技术服务企业的数量进行统计分析，并根据 $n_{50\%}$ 指数法来进一步测度集聚程度，结果如表 4-21 和图 4-17 所示。

3）基于信息技术服务分工的中心类型

通过上海市第二次经济普查数据分析发现如下特征：

(1) 与金融、物流行业高度集聚在中心城相比，信息技术服务与商务服务企业类似，$n_{50\%}$

所有邮编都分布在中心城，且更加高度集聚在中心城。

(2) 从信息技术服务内部来看，软件服务相比计算机服务在空间上更加集聚；徐汇(200030)和张江高科技园浦东软件园(201203)是信息技术服务最重要的集聚点。

(3) 集聚中心的区位与软件园区所在区位密切相关。浦东、徐汇和长宁三区的营业收入位列前三位，三区的经营收入之和占全市的比重达到70%。将产业基地和产业园区建设进一步深化发现，1个国家级软件产业基地、1个国家级软件出口基地和7个市级软件产业基地集聚了全市60%的软件企业；行业应用软件及嵌入式软件企业的空间分布偏重于靠近技术应用的对象。

生产创新型中心——① 徐汇(200030)、徐汇漕河泾开发区软件园(200233、200235)、徐汇软件园(200112)：徐汇的企业总部众多，吸引了大量的计算机服务和应用软件类企业；漕河泾开发区软件园拥有软件和信息技术服务企业200多家，并拥有文思创新软件技术有限公司、万达信息股份有限公司、易宝软件有限公司、欧特克有限公司、启明软件股份有限公司、PFU上海计算机有限公司、麦迪实软件有限公司、益盟软件技术有限公司等众多知名软件企业，销售收入突破亿元的有17家，千万元以上的有58家，开发区共有88家软件企业通过市级认定(上海市经济和信息化委员会，2012)。拥有中国电信、中国移动、中国联通三大电信营运商的数据中心及上海互联网交互中心，有电信恒联网络有限公司等专业的电信业务服务商为开发区企业提供电信增值服务，有知名网络游戏企业——巨人网络科技有限公司、征途信息技术有限公司、天游软件有限公司，有互联网综合服务企业——腾讯计算机系统有限公司，有通过网络从事商务服务、金融支付的企业——携程旅游网、杉德银卡通信息服务有限公司，以及大计数据处理公司、光刻电子科技有限公司等从事计算机服务、数据处理、数据库服务的信息技术服务企业。

② 张江高科技园浦东软件园(201203)：集聚了综合性软件企业，包括行业应用软件、嵌入式软件、支撑软件、嵌入式系统软件与集成电路(IC)设计、软件外包服务，以及移动互联网软件等软件生产服务，在金融、物流、医疗、交通等多个垂直行业的应用软件领域形成了高端集聚效应。金融类知名企业有胜科金仕达数据系统(中国)有限公司、财汇信息技术有限公司、银宏软件科技有限公司；物流类企业有华夏媒体信息技术有限公司、信航软件有限公司、嘉迪软件有限公司；医疗类企业有凯颐医疗仪器有限公司、思代软件(上海)有限公司、大通医药信息技术有限公司；交通类企业有中交海德交通科技股份有限公司、飞田通信股份有限公司、国昌控制系统有限公司。在通信、汽车两个行业的嵌入式领域具有一定的技术和规模优势。另外，支撑软件、中间件软件、信息安全软件在信息电器、数字终端的嵌入式系统软件和IC设计领域发展迅速。索尼(中国)有限公司上海分公司依托索尼公司民用/专业视听、游戏、产品和信息技术等领域的技术积累，成为国内消费电子产品的龙头企业。上海聚众力信息技术有限公司销售三洋激光唱盘(CD)/数字激光视盘(DVD)机芯和碟盒等高科技电子产品为主，并与夏普公司、三菱集团、三笠公司(MIKASA)等多家日本企业建立了密切的合作伙伴关系。软件服务外包有花旗软件技术服务(上海)有限公司、毕博信息技术(上海)有限公司等传统服务外包服务商和塔塔信息技术(中国)股份有限公司上海分公司、印孚瑟斯技术(中国)有限公司、萨蒂扬软件技术(上海)有限公司等新兴外包商。移动互联网软件有第三方应用软件、移动增值服务提供商。

③ 陆家嘴软件园(200120、200122)：主要以金融类软件为主导，形成了电讯增值、信息科技、金融信息技术的产业特色。国内外知名软件研发企业有欧特克中国应用研发中心、富士

施乐研发中心、华为上海研究所、法国船级社中国总部、新致软件股份有限公司、凌志软件股份有限公司、国信朗讯科技网络技术有限公司、大智慧股份有限公司等。

④ 静安南京西路商务区(200040、200041):依托良好的商务环境发展起来的信息技术服务集聚地区。主要的软件企业有上海吉大正元信息技术股份有限公司、上海博科资讯股份有限公司、光辉软件(上海)有限公司、上海兴安软件工程有限公司等。

⑤ 嘉定和松江新城中心、宝山宝钢集团周边集聚了部分小型信息技术服务企业,主要为当地的大型制造业提供信息技术服务(图 4-18,表 4-22)。

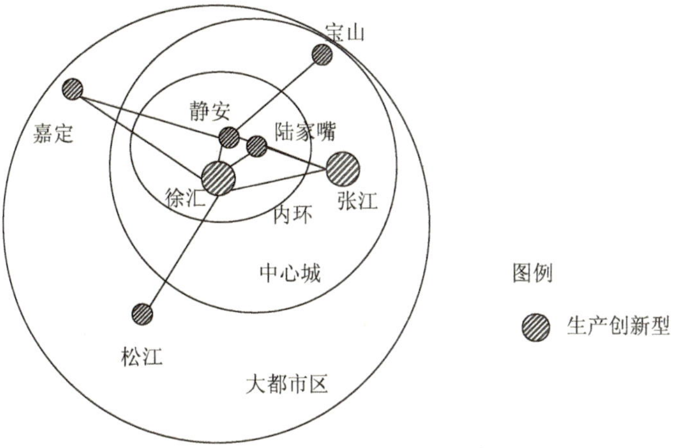

图 4-18　基于信息技术服务分工的多中心

表 4-22　基于信息技术服务分工的中心集聚企业类型和职能

中心类型	信息技术服务中心(节点)	集聚企业类型	职能
生产创新型	徐汇(200030、200031)	中国电信、中国移动、中国联通三大电信营运商的数据中心及上海互联网交互中心;大型网络游戏企业	计算机服务、数据处理、数据库服务
	张江(201203)	综合性软件企业,涉及金融、物流、医疗、交通等多个行业,在通信、汽车两个行业的嵌入式领域有一定的技术和规模优势	信息技术服务、软件服务
	陆家嘴(200120)	金融软件企业	以金融软件服务为主
	静安(200040、200041)	与商务服务联系密切的软件企业,如网站制作企业等	为广告公司等商务服务企业提供软件服务
	嘉定新城中心	小型信息技术服务企业	① 针对当地大型制造企业提供信息技术服务;② 为本地提供简单的信息技术服务
	宝山(宝钢集团周边)		
	松江新城中心		

4.4.4　基于物流服务分工的多中心

1) 物流服务发展情况

20 世纪 90 年代中期至今,信息技术的迅速发展和普及应用,消费需求的个性多元趋势加强，使得企业为提高竞争力不断提出新的物流需求，因而上海物流业呈现出高速发展和服务不断细化的发展态势。现阶段，上海物流企业由三部分组成：一是国际物流企业。这些国际物流公司一方面为其原有的跨国公司客户进入中国市场提供延伸物流服务；另一方面针对中国市场正在生成和发展的专业化物流服务需求提供服务，如联合包裹服务公司(UPS)、天地国际运输代理有限公司(TNT)等国际大型物流企业正纷纷进入中国的快递市场。二是由传统运输、储运及批发贸易企业转变形成的物流企业。它们依托原有的物流业务基础和在客户、设施、经营网络等方面的优势，通过不断拓展和延伸其物流服务，逐步向现代物流企业转化。三是新兴的专业化物流企业，这些企业依靠灵活的竞争策略和专业化的物流认识，在市场竞争中发展较快。

2) 测度物流企业集聚中心

根据《国民经济行业分类》(GB/T 4754—2002)分类，将F物流大类中与货物运输、仓储有关的代码提取出来，本书选定的四级代码号为5120、5220、5421、5422、5423、5512、5710、5720、5810、5890、5910、5990，共计10 286家物流企业。依据物流服务链及上海物流企业服务类型现状，将2008年上海物流企业分为以下四种类型[17]：① 货物运输企业，包括利用水运、陆运、空运三种方式来承担货物运输类型的企业，共1 997家企业；② 仓储及搬运企业，共1 963家企业；③ 货运代理企业，指接受委托人的委托，就有关货物运输、转运、仓储、保险以及与货物运输有关的各种业务提供服务的企业，共5 768家企业；④ 快递及邮政企业，共558家企业(表4-23)。以邮编为单位，分别对四种类型的物流企业数量进行统计分析，进一步测度集聚程度(表4-24，图4-19)。

表4-23　2008年上海物流企业的类型及数量

物流企业类型[所对应的《国民经济行业分类》(GB/T 4754—2002)四级代码]			数量(家)
1	货物运输企业	铁路及道路货物运输(5120、5220)	1 871
		水上货物运输(5421、5422、5423)	118
		航空货物运输(5512)	8
2	仓储及搬运企业	仓储(5810、5890)	1 719
		装卸搬运(5710)	244
3	货运代理	运输代理服务企业(5720)	5 768
4	快递及邮政企业	快递(5990)	507
		国家邮政(5910)	51
合计			10 286

注：国家邮政为支局以上，不包含支局。

表4-24　2008年上海物流企业的类型及集聚度分析

企业类型	企业数量(家)	$n_{50\%}$	$n_{100\%}$	$n_{100\%}-n_{90\%}$	$n_{50\%}$分布邮编
货运代理	5 768	9	166	112	80、82、92、86、331、01、81、02、1103
快递及邮政	558	16	114	47	1103、40、120、232、30、1101、50、233、335、51、52、122、82、11、80、42
货物运输	1 997	19	181	90	331、436、137、1901、1108、72、431、90、1802、441、1208、940、1203、1206、1805、82、231、70、120
仓储及搬运	1 963	13	162	84	137、131、1901、436、331、443、1906、237、72、1208、940、431

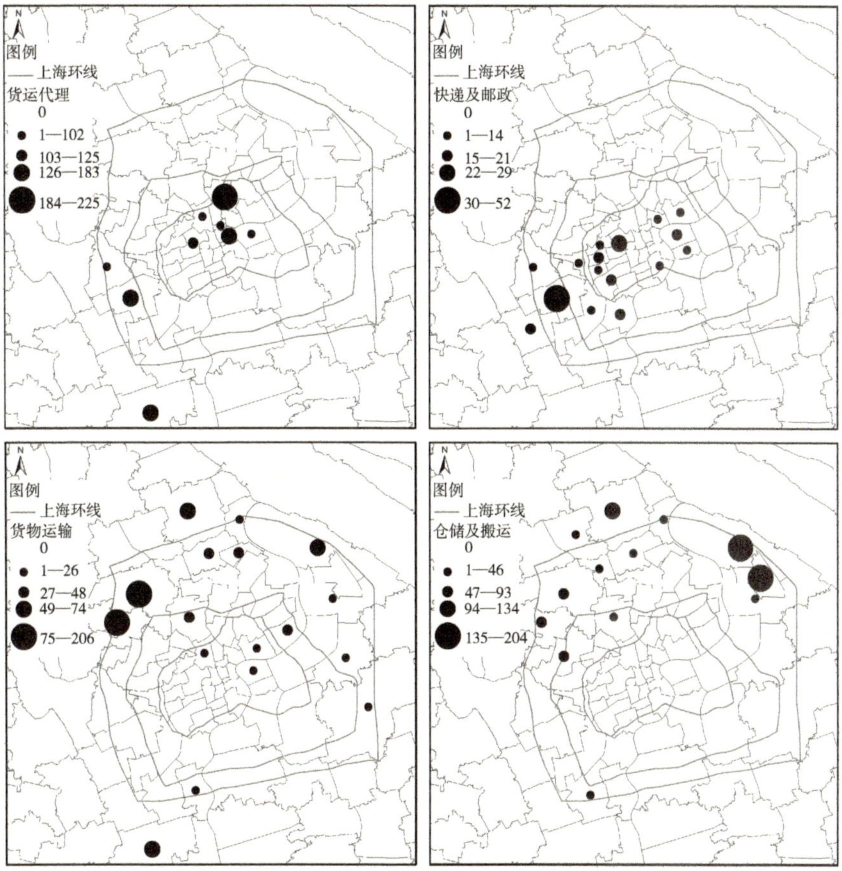

图 4-19　2008 年上海四类物流企业 $n_{50\%}$ 邮编分布

3）基于物流服务分工的中心类型

参考物流企业类型、功能机构数量、物流资产量等因素，三种类型的中心可以识别出来：

（准）管理决策型中心[18]——① 以东大名路为核心的虹口北外滩地区（200080、200081、200082）。它是物流服务中的航运高端服务集聚区：一是当前北外滩集聚了中国大陆地区最多的航运要素及功能机构，航运功能性机构达到 20 家[19]，另外，由上海航运交易所设立的上海船舶交易市场经营管理公司、上海船舶保险公估公司和上海航运运价交易有限公司，为船舶交易以及航运金融衍生品交易的进一步发展奠定了基础；二是国际著名航运经纪公司的进驻，2010 年 7 月克拉克森航运经纪（上海）有限公司等 9 家国际著名航运经纪公司在北外滩注册，成为国内首批获得航运经纪营业执照的企业。② 陆家嘴地区（200120、200122），3 家全球运力排名前 20 强的船运公司（中海集装箱运输股份有限公司、韩进海运有限公司、长荣海运股份有限公司），及长航凤凰股份有限上海华泰海运分公司、上海长江轮船公司、大新华物流集团、美国全世通物流有限公司、联合包裹服务公司（UPS）、敦豪国际快递公司（DHL）等知名航运及物流企业。

航运金融发展滞后：仍然集中在船舶代理、货运代理等附加值较低的下游企业，在船舶融资、海事保险等航运高端服务领域占比较低；在全球航运交易、信息、定价和法律服务等领域，如航运指数期货、运费期权等航运价格衍生品领域还是空白（林兰，2010）。

区域性综合航运服务龙头地位尚未确立：在现有港口管理体制下，长三角各地港口重复建设、分工不明确、无序性竞争的问题长期存在，欲与周边港口形成的合理分工、相互配合的管理决策型中心也尚未形成。

生产创新型中心——静安（200040、200042）、徐汇（200030、200232、200233）、长宁（200050、200051、200052）。

这些节点主要分布在内环内地区，一方面为大客户提供系统化物流服务或全程物流服务，即提供从物流方案设计到全程物流组织与实施的物流服务（如上海源流科技有限公司为工业工程领域进行物流诊断及提供企业物流系统方案设计、规划、决策等服务），为上海大众汽车有限公司、上海日立电器有限公司、上海通用汽车有限公司、青岛海尔集团、青岛海信电器股份有限公司、广东美的集团等企业实施物流诊断、设计、咨询、规划及第三方配送中心的实施管理。另一方面提供点到点服务及方便、快捷的物流服务，服务网点密集，如各种快递服务。

服务型中心——包括外高桥（200131、200137）、宝山（201901、200431、200441、200940、200090）、西北综合物流园区（200331、200436）、嘉定（201802、201805）、闵行（201103、201101）几个重要的节点地区，以提供货运服务和仓储服务为主，并逐渐形成各自特点。

① 外高桥保税区基本形成汽车、医药、酒类等四个行业的进出口基地和物流运营中心。2008 年，跨国配送和国际采购以及国际中转货值比重已达 65%，实现进出区货值 550 亿美元。重点集聚跨国公司物流营运中心、第三方物流公司以及与航运物流有关的研发、售后服务、维修、检测、设备租赁等增值服务企业，建设保税物流基地、航运贸易货物集散基地、保税期货交割基地、出口采购配送基地和保税离岸货物基地。② 西北综合物流园区，是以省际物流集散功能为主的物流服务。早在 20 世纪 80 年代，普陀区真南路即自发形成了上海最大的陆运配载市场。其拥有 80 个公路货运中转口，300 个交易席位，实现了物流交易、城际货物中转、城市配送、物流信息的一体化运作，集货运配载、交易、信息服务、仓储、流通、加工、配送、展示等服务于一体。③ 嘉定汽车城物流基地，主要为上海大众汽车有限公司等制造企业提供网上全程监控、业务查询等物流增值服务，实现了汽车制造业的采购、运输、仓储、代理、配送等环节的充分整合。④ 宝山钢铁及冶金产品物流基地，集聚了包括深圳新科安达后勤保障有限公司、香港德迅货运代理有限公司、香港利丰集团、美星仓储物流（上海）有限公司等国际著名物流企业在内的近 600 家企业，成为上海钢铁物流的主要枢纽。⑤ 闵行，以公路运输为主，承担社会货物的运输（图 4-20，表 4-25）。

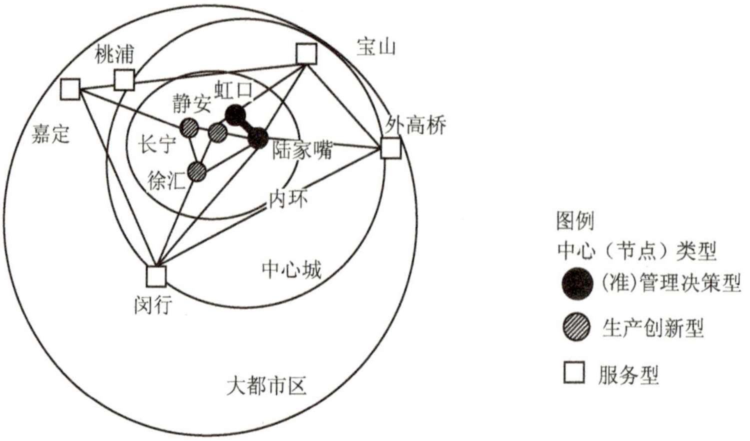

图 4-20　基于物流服务分工的多中心

表 4-25　基于物流分工的中心职能和分类

<table>
<tr><th>功能中心类型</th><th>物流中心(节点)</th><th colspan="3">具体职能</th></tr>
<tr><td>(准)管理决策型</td><td>虹口北外滩(200080、200081、200082)、陆家嘴(200120、200122)</td><td colspan="3">航运交易、航运融资、海事仲裁、海上保险</td></tr>
<tr><td>生产创新型</td><td>内环内地区,包括静安(200040、200042)、徐汇(200030、200232、200233)、长宁(200050、200051、200052)等重要节点</td><td colspan="3">① 为大客户提供系统化物流服务或全程物流服务,提供从物流方案设计到全程物流组织与实施的物流服务;② 点到点服务,为客户提供方便、快捷的物流服务</td></tr>
<tr><td rowspan="6">服务型</td><td>—</td><td>功能</td><td>交通方式</td><td>主要货物类型</td></tr>
<tr><td>外高桥(200137、200131)</td><td>集货、分拨、中转、存储、流通加工、配送、信息服务、商贸</td><td>公路、航运</td><td>国际贸易、保税仓储和集拼分拆、国际中转</td></tr>
<tr><td>西北综合物流园区(200331、200436)</td><td>展示、货运采购、储存、加工、配送、转运、商贸、信息</td><td>公路、铁路</td><td>超市、连锁商店、医药物流</td></tr>
<tr><td>宝山(201901、200431、200441、200940、200090)</td><td>采购、运输、仓储、代理、配送、销售等</td><td>公路、铁路、航运</td><td>国际采购分拨配送、钢铁产品、冶金副产品、冶金设备</td></tr>
<tr><td>嘉定(201802、201805)</td><td>仓储、配送、运输、包装、加工</td><td>公路</td><td>汽车与汽车零配件</td></tr>
<tr><td>闵行(临近外环线)(201103、201101)</td><td>运输、快递</td><td>公路</td><td>社会货物运输</td></tr>
</table>

4.4.5　基于跨地域服务分工的中心

企业跨地域组织赋予城市中心更大范围内的资源调控能力。企业跨地域组织是分工发展到一定阶段的产物,推动生产要素在更大时空范围内流动。

1) 跨国公司的影响

截至 2009 年底,落户上海的跨国公司总部经济机构累计已达 751 家,其中跨国公司地区总部 257 家、投资型公司 190 家、研发中心 304 家。在上海设立地区总部的跨国公司中,美国公司占据最大比例,达到 38.2%,其次是日本,占 19.6%。在沪设立的跨国公司中,以制造业公司为主导,共 176 家,占总量的 78%(上海市商务委员会,2010)。

(1) 跨国公司的行业差别对中心的影响

目前上海以跨国公司主导的跨地域组织仍然以制造业为主,零售等消费性服务发展较快,而金融、物流、商务及信息技术服务等生产性服务仍然处于发展的初期阶段,对中心的能级提升还有很大的上升空间。

现阶段上海的跨国公司仍然以制造业为主,所占比例在 70%左右,以汽车及汽车配件、化工产品、电子电气产品、食品、医疗相关产品、金属制品为最多。服务跨国公司地区总部共

65家，其中生产性服务跨国公司36家，包括8家金融公司、8家商务服务公司、14家信息技术服务公司和6家物流公司；消费性服务跨国公司39家（上海市商务委员会，2010）。

这些地区总部主要集中在陆家嘴及附近地区、卢湾淮海中路、张江、外滩、虹桥开发区、静安南京西路、徐汇、徐汇漕河泾开发区、金桥九个地区。生产性服务行业的地区分布特征初步显现，金融集聚在陆家嘴、商务服务集聚在卢湾淮海中路、信息技术服务集聚在张江高科技园（表4-26）。

（2）跨国公司不同功能机构差别对中心的影响

从功能机构来看，跨国公司的地区总部、投资机构和研发机构都有进一步集聚的趋势。地区总部、投资机构主要集中在中心城，尤其是内环内地区的高端城市中心，强化了中心对于区域的控制能力及上海的经济实力；研发机构主要集中在张江（表4-27）。

表4-26　上海跨国公司不同行业的地区分布　（家）

	集聚地区	制造业	消费性服务业	生产性服务业				共计
				金融	商务	信息技术服务	物流	
1	陆家嘴（200120、200122）	20	9	6	1	2	1	39
2	卢湾淮海中路（200020、200021）	10	5	1	6	0	0	22
3	张江（201203）	10	0	0	0	5	0	15
4	外滩（200001）	7	2	1	1	0	1	12
5	虹桥开发区（200336）	8	1	0	0	2	1	12
6	静安南京西路（200040、200041）	6	2	0	0	0	1	9
7	徐汇（200030、200031）	4	2	0	0	0	1	7
8	徐汇漕河泾开发区（200233、200235）	5	0	0	0	2	0	7
9	金桥（201206）	4	1	0	0	1	0	6

表4-27　上海跨国公司功能机构的集聚地区及影响

	集聚地区	行业	集聚功能机构	影响
1	陆家嘴（200120）	涉及行业广泛，其中金融优势明显	地区总部、投资机构	强化了中心对区域的控制能力及经济实力
2	以卢湾淮海中路（200020、200021）、静安南京西路（200040、200041）、外滩（200001）、徐汇（200030、200031）为节点的内环内地区	涉及行业广泛，其中商务优势明显	地区总部、投资机构	强化了中心对区域的控制能力及经济实力

续表 4-27

	集聚地区	行业	集聚功能机构	影响
3	张江(201203)	在化工、微电子、新材料等领域,信息服务优势明显	研发机构	促进研发能力和技术提升
4	虹桥开发区(200336)	制造业	地区总部、投资机构	强化了中心对区域的控制能力及经济实力

① 地区总部和投资机构集聚的地区

首先陆家嘴是地区总部最为密集的地区,共有 61 家地区总部,功能涉及也相对广泛,即包括对外投资、资金及财务管理、商业分销功能,也有部分研发功能。其次是以卢湾淮海中路、静安、外滩、徐汇为节点的内环内地区。跨国公司在产业分布上较为广泛,在制造业、消费性服务业和金融、商务、信息技术服务、物流等领域都有所涉及。其中商务服务的优势相对明显。另外,虹桥经济开发区集聚了部分制造业类跨国公司总部。

② 研发机构集聚的地区

张江形成了以研发为主的管理型地区总部密集区,共 31 家地区总部,包括通用电气(中国)研究开发中心有限公司、杜邦(中国)研发管理有限公司、德州仪器半导体技术(上海)有限公司、朗盛化学(上海)有限公司、俊茂微电子(上海)有限公司等,在化工、微电子、新材料等领域成为各自公司在中国的技术中心(图 4-21)。

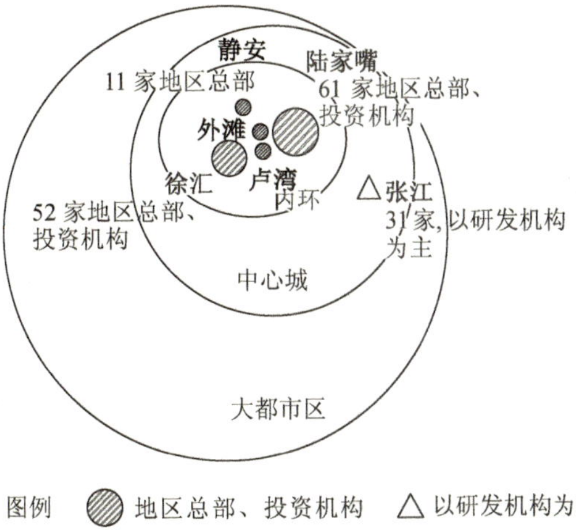

图 4-21 上海跨国公司机构集聚分布

2) 长三角企业的影响

(1) 长三角民营企业跨地域组织的三种方式

以长三角为主的国内企业跨地域组织过程中存在三种基本方式(陈建军,2009)(图 4-22),其共同特征是,利用上海的各种优势资源,作为企业的成长平台及走向世界的窗口,趋向于将生产基地放在长三角其他城市,而将企业总部、研发机构以及销售和售后部门设在上海。

方式 A 的具体行为方式是,江浙企业在跨区域发展的时候,利用长三角区域一体化不断深化的有利制度环境,以及江浙地区与上海紧密相连的地理条件,在上海组建分公司或子公司,从事部分产品的制造或加工,同时利用上海的资源优势和发展环境,转移或者新设企业的研究与开发机构及营销机构等功能部门,开发新产品,开拓新市场,但是企业总部及主要的生产基地仍然放在本省。

在方式B中,企业选择将总部功能迁移至上海,同时相对于A方式,B方式把更多的功能部门转移到了上海,从地方财政收入角度而言,A方式在地方财政收入和税收方面对企业原驻地更加有利,而B方式则对上海比较有利。

在方式C中,原驻地在上海的企业向江浙地区发展,形成跨地域分工模式C。随着上海地区的商务成本上升,特别是土地和房地产价格的快速上涨,使得不少企业不得不把部分产品的生产基地向周边地区转移,将总部和主要功能部门留在上海。

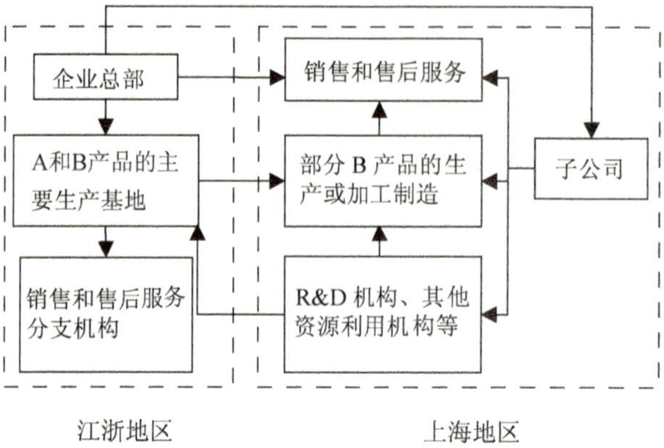

(a)江浙企业跨地域分工模式A

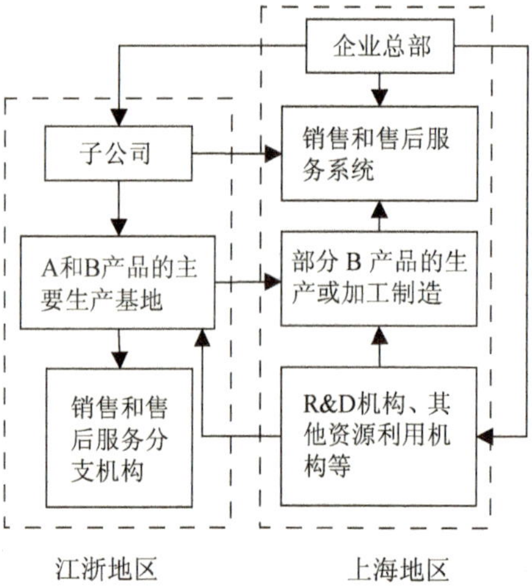

(b)江浙企业跨地域分工模式B

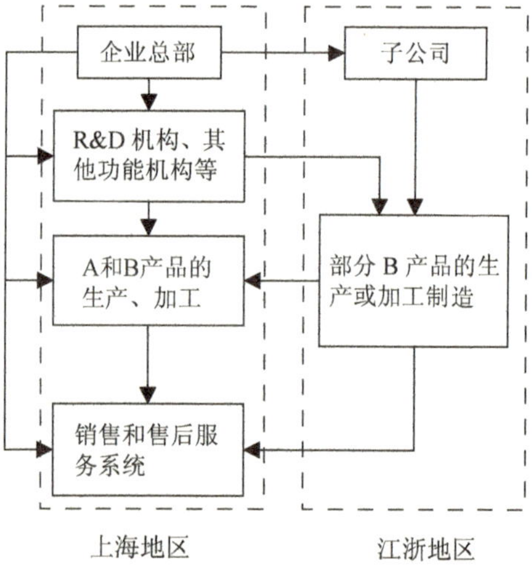

(c)上海企业跨地域分工模式C

图4-22 长三角企业跨地域组织的三种基本方式

注:R&D机构表示研发机构。

(2) 国内企业功能机构的集聚

截至2009年,上海国内经济总部机构共有576家,上海本地企业占到企业总部的87.85%,民营企业共495家,占总部数量的近86%。在沪设立的国内企业总部中,以服务业类为主导,共352家,占总量的61.1%。其中商贸类72家、现代服务业66家、投资管理65家、房地产类47家、中介服务33家以及其他服务业态。制造业中以信息技术(IT)类企业为主,共45家,其他制造业行业有生物医药、金属材料制造和电力工程等(上海市商务委员会,2010)。

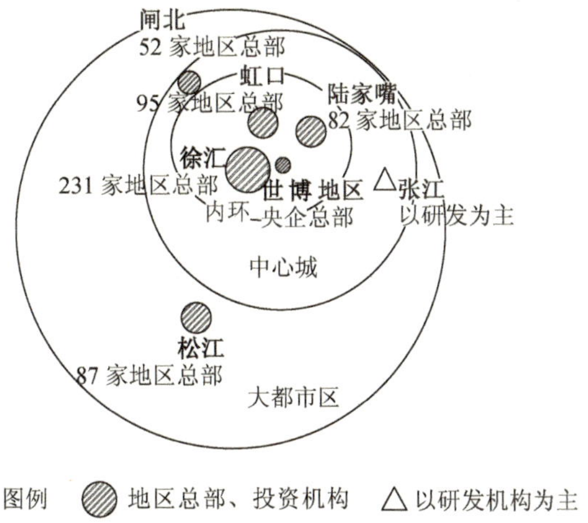

图 4-23　上海国内长三角跨地域企业机构集聚分布

国内企业的企业总部、研发机构及销售服务机构的集聚在更大地理范围内提升了上海城市中心的服务能力。

从空间特征来看，徐汇、虹口、松江、陆家嘴等地区是国内总部机构分布密集的地区。① 徐汇的国内企业总部机构最多，共 231 家，占到总量的 40.1%。其次是虹口，国内企业总部机构共 95 家。② 松江的国内企业总部机构共 87 家，以制造业总部为主，涉及食品、家电、生物医药、建筑、工程制造和化工贸易多个行业。松江所集聚的国内企业总部机构在郊区新城中处于领先地位，一方面得益于其地理位置的优势——地处上海西南，毗邻浙江、江苏，有利于江浙企业的总部入驻；一方面则是由于松江出口加工区发展较早[20]，形成了一定的规模效应。

另外，2010 年世博会成功召开以来，世博地区逐渐成为央企在上海的一个重要集聚地。目前已有 13 家央企计划在该地区建立相应的总部机构[21]（图 4-23）。

4.4.6　多行业空间叠加

在不同的生产性服务业分工趋势和空间成本差异的共同作用下，服务性中心在空间上表现出复杂多维的特点：一方面集聚行业及行业所提供服务的价值区段不同；另一方面行业在构成比例上也有显著差异。按照邮编统计 4 大类 14 小类生产性服务业总就业人数，上海排名前 10 位的邮编如下（图 4-24，表 4-28）：

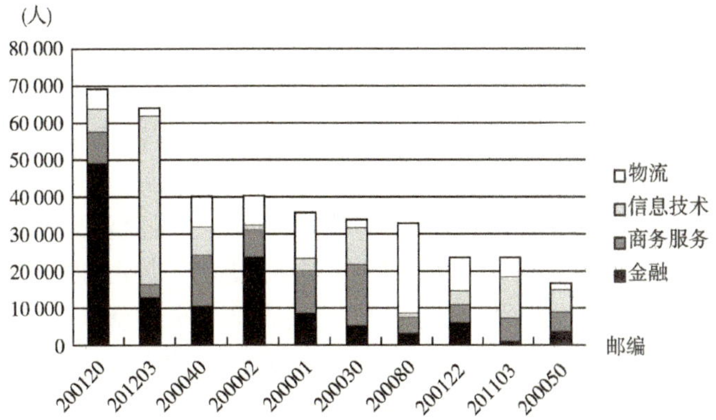

图 4-24　上海四大类生产性服务业就业总人数前 10 位邮编示意图

表 4-28　上海四大类生产性服务业就业总人数前 10 位邮编　　(人)

排名	邮编	企业总人数	金融	商务服务	信息技术	物流
1	200120	68 912	48 956	8 633	6 268	5 055
2	201203	63 964	13 048	3 607	45 205	2 104
3	200040	40 284	10 609	13 857	7 537	8 281
4	200002	40 283	23 859	7 312	1 343	7 769
5	200001	35 707	8 726	11 390	3 367	12 224
6	200030	33 819	5 466	16 397	9 858	2 098
7	200080	32 903	3 202	4 432	1 024	24 245
8	200122	23 678	6 046	4 872	3 795	8 965
9	201103	23 754	1 208	6 092	11 063	5 391
10	200050	16 902	3 819	5 033	6 052	1 998

(1) 陆家嘴(200120)：四大类生产性服务业总就业人数最多的地区，共 68 912 人。其中，金融就业人数占 71.1%、商务服务就业人数占 12.5%、信息技术就业人数占 9.1%、物流就业人数占 7.3%。陆家嘴在整个多中心中处于控制主导地位。

(2) 张江(201203)：共 63 964 人(排名第 2 位)。其中，信息技术发展迅速，占绝对主导，就业人数占四大类生产性服务业总就业人数的 70.7%，接下来依次是金融就业人数占 20.4%、商务服务就业人数占 5.6%、物流就业人数占 3.3%。

(3) 静安(200040)：共 40 284 人(排名第 3 位)。其中，商务服务为主导，就业人数占 34.4%，金融就业人数占 26.3%，信息技术就业人数占 18.7%，物流就业人数占 20.6%。

(4) 外滩(200002、200001)：分别是 40 283 人、35 707 人(分别排名第 4、第 5 位)。其中，金融为主导，就业人数占 42.9%，商务服务就业人数占 24.6%，信息技术就业人数占 6.2%，物流就业人数占 26.3%。

(5) 徐汇(200030)：共 33 819 人(排名第 6 位)。其中，商务服务为主导，就业人数占 48.5%，金融就业人数占 16.2%，信息技术就业人数占 29.1%，物流就业人数占 6.2%。

(6) 虹口(2000080)：共 32 903 人(排名第 7 位)。其中，物流(货运代理)为主导，就业人数占 73.7%，金融就业人数占 9.7%，商务服务就业人数占 13.5%，信息技术就业人数占 3.1%。

(7) 陆家嘴临近地区(200122)：共 23 678 人(排名第 8 位)。其中，金融就业人数占 25.5%、商务服务就业人数占 20.6%、信息技术就业人数占 16.0%、物流就业人数占 37.9%。

(8) 闵行(201103)：共 23 754 人(排名第 9 位)。其中，金融就业人数占 5.1%、商务服务就业人数占 25.6%、信息技术就业人数占 46.6%，物流就业人数占 22.7%。

(9) 长宁(200050)：共 16 902 人(排名第 10 位)。其中，金融就业人数占 22.6%、商务服务就业人数占 29.8%、信息技术就业人数占 35.8%、物流就业人数占 11.8%。

注释

① 10 个县分别是嘉定、宝山、上海、松江、金山、川沙、南汇、奉贤、青浦、崇明。

② 数据来源于《上海市工业用地布局规划》(上海市城市规划设计研究院,2010 年 3 月)。
③ 根据格鲁伯和沃克服务业分类(1989 年),可以将中国服务业中的交通运输和仓储业,信息传输、计算机服务和软件业,金融业,房地产业,租赁和商务服务业,科学研究和技术服务业六个门类纳入生产性服务业。
④ 云计算(Cloud Computing)是分布式计算、并行计算、效用计算、网络存储、虚拟化、负载均衡等传统计算机和网络技术发展融合的产物。
⑤ 这些信息主要是关于市场、风险、汇率、投资回报及信用价值等。
⑥ 在 2006—2008 年的三年中,新兴业务如信用卡和健康险的增长比传统银行和保险业都高出很多,信用卡企业 2006—2008 年的营业收入增长超过 80%,而传统的银行和保险业同期的年收入增长只有 30%—40%。
⑦ 泰勒认为高端生产性服务业是世界城市网络的"作用者",并以一个数学模型来表示世界城市网络的连接度,假定城市 a 和城市 b 之间有 m 个生产性服务业公司,那么城市 a 和城市 b 之间的连接度就是 $C_{ab}=\sum_{i=1}^{m}(V_{aj}\times V_{bj})$,$V_{aj}$、$V_{bj}$ 分别表示生产性服务业 j 公司在 a 城市和 b 城市的重要程度。它可以通过公司层级的重要性来衡量,如将公司总部赋值为 3,分公司赋值为 2,支公司赋值为 1,依次计算出所有城市两两之间的连接度,进行加总可以得到某个城市与其他所有城市的总连接度。
⑧ 在上海市第二次经济普查数据的基础上,参考了上海人民出版社出版的《上海金融年鉴(2009)》以及部分网络数据(汇丰、花旗、渣打、恒生、华一等外资银行官方网站数据)。
⑨ 由于商业银行类型及空间区位相差较大,且目前上海的银行资产在整个金融资产中所占份额最大(2008 年底上海银行业、证券业、保险业的总资产分别为 52 300 亿元、2 750 亿元和 600 亿元),所以将其进一步细分为国有商业银行、中小商业银行和外资商业银行。证券公司在上海市域范围内的公司层级一般只有两级:证券公司—营业部。其他金融机构如信托、财务公司、保险中介机构、基金管理公司、期货经纪公司等在上海市域范围内一般只设一个办公机构。
⑩ 本书使用的是 2006 年邮编单元划分及编号。
⑪ 金桥、青浦新城、松江新城并列第八位,闵行和南桥新城并列第八位。
⑫ 如全国第一家在上海开设分行的外地城市商业银行——宁波银行,"将总行设在浦西人民广场,第一家支行设在徐家汇,众多的白领是个人业务的目标客户,第二家支行选择松江,为的就是方便当地众多的制造业中小企业"。——宁波银行上海分行副行长姜伟,2007 年。引自吴建融. 2009. 见证:上海金融改革 30 年(1978—2008)[M]. 上海:上海远东出版社:399。
⑬ 资金和资产管理业务既包括私人层面的理财产品、保险产品和基金产品等个人资产业务管理,也包括国家层面的由社保基金、财政盈余和外贸盈余而衍生的主权财富基金运作。
⑭ 2008 年底虹桥开发区共有外商投资企业 139 家,占到注册企业总量的 94%,是外资最密集的国家级开发区。
⑮ 金定海(上海广告业"十一五"规划课题组组长),笔者根据 2011 年 1 月的访谈资料整理。
⑯ 4A 广告公司提供的服务标准化程度高,在经营管理上基本都采用 Traffic System,即流程控制管理系统,具有目标的有效性管理,每一个业务的所有环节都被量化,一系列的表格和计算机程序形成非常系统的模式。
⑰ 中国国家标准《物流企业分类与评估指标》将物流企业划分为运输型、仓储型、综合服务型三种类型。运输型指以从事货物运输或代理运输服务为主,包括其他物流服务的企业;仓储型指主要从事区域性仓储服务,同时也从事其他物流服务活动的企业;综合服务型指专门为企业客户提供原材料,在产品、产成品一体化物流服务的企业。
⑱ 伦敦等一些航运服务中心的港口货物吞吐量在全球排行榜上虽已经逐渐淡出,但其在全球航运业依然占据着重要的地位,其船舶交易、船舶保险、船籍注册、航运指数、海事仲裁、航运咨询等一系列业务都占据着全球航运服务市场重要的份额。与全球成熟度较高的航运中心相比,上海还存在较大的差距。
⑲ 包括上海航运交易所、中国港口协会、上海海事局、上海国际航运信息中心、上海国际航运仲裁院、上海市船东协会、上海国际航运研究中心、上海国际航运物流人才服务中心等。
⑳ 1992 年松江出口加工区作为市级工业区成立,用地总面积为 27 km^2,以电子信息制造、新型材料、精细化工、通用设备制造业为主。
㉑ 13 家央企总部分别是中国商用飞机有限责任公司、包头钢铁(集团)有限责任公司、国家电网公司、中国华能集团公司、中国华电集团公司、中国铝业公司、中国中化集团公司、招商局集团有限公司、中国中信集团公司、中国建筑材料集团有限公司、中国外运长航集团有限公司、中国黄金集团公司、中国国新控股有限责任公司(上海市商务委员会. 2011. 2011 上海商务发展研究报告[M]. 上海:上海科学技术文献出版社)。

5　城市多中心的规划思考与启示

5.1 现实图景:多中心的战略意义

大城市蔓延的问题,在一定程度上是节约资本的消耗而采取的土地粗放利用方式(彭坤焘,2013)。这种城市"摊大饼"式的空间扩张,也是应对激烈区域竞争的必然途径与方式,有着降低成本的内在合理性(丁成日等,2009)。虽然蔓延存在合理性,但从资源上来看是不可持续的。传统的城市单中心发展造成了大量的交通拥堵、生态恶化、房价上升、经济效益下降等诸多问题。因而推行多中心战略,必然成为未来大城市的选择。

从空间绩效来看,多中心结构能够在一定程度上克服单中心所带来的城市弊端,在交通、生态、住房等方面更为合理(赵民,2004;王颖等,2012)。从空间重组的内在经济机制来看,当前城市多中心不仅承担商品的消费职能,更是服务分工深化的空间载体,具有重要的战略地位和意义:① 城市多中心越来越重要地参与到经济活动和资源竞争的过程中,关系到地方经济活力提升和城市未来的发展战略。② 城市多中心的发展不仅仅是城市本身的要求,更是服务区域、服务全国、竞争国际的需要。城市多中心所承担的不同类型的生产性服务职能,有利于促进城市以及区域其他产业的分工网络深化。人流、物流、资金流、信息流不止于城市多中心或是城市空间,更延伸至区域范围,以提升整体经济效益。

在此背景下,迫切要求城市中心相关规划转变思路,对城市中心的经济职能、空间区位和中心体系进行重新审视和思考。重视生产性服务业分工程度对城市中心的影响、辨识和培育有利于知识溢出的中心区位、强化支撑中心发展的政策研究等是未来城市规划的重要课题。

5.2 当前国内城市中心规划实践

5.2.1 城市中心体系规划

1)《上海中心城区中心体系规划》

2001 年版《上海市城市总体规划(1999—2020 年)》第一次在两个层面提出建设上海多中心的设想:在大都市层面,针对卫星城重生产、轻生活的倾向,以及反磁力作用不强等问题,提出了新城的概念。规划了 11 个新城,规划提出形成中心城、新城、中心镇、一般镇及中心村 5 个层次,多轴、多层、多核的城镇体系结构。在中心城层面,提出"多心、开敞"式布局结构。

在此基础上,《上海中心城区中心体系规划》提出在市级中心以外建设徐家汇、花木、江湾五角场、真如四个城市副中心,分区规划在落实建设这四个城市副中心的基础上,基于网络的集中发展理念,结合公共交通规划和居民可达性,建立市一级中心(包括市级副中心)—地区中心—社区中心三级公共活动中心网络(图 5-1)。

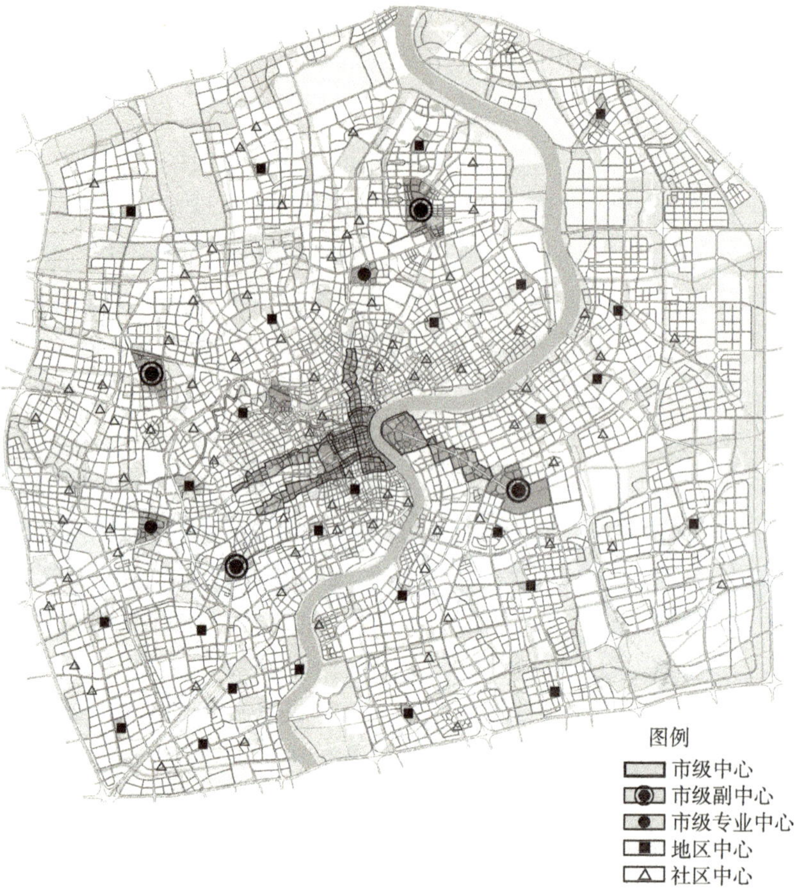

图 5-1　上海中心城区中心体系规划图

(1) 市一级中心:包括市级中心(外滩、陆家嘴、人民广场)、副中心(徐家汇、花木、江湾五角场、真如)、市级商业街(南京路、淮海中路、四川北路、金陵东路)、市级商业中心(豫园、不夜城、张扬路市级商业中心)和市级专业中心(大柏树工贸专业中心、虹桥涉外贸易专业中心)。

(2) 地区中心:规划地区中心 26 个。理论上以 20 万人左右为服务半径,以商业以及公益性文教体卫设施为主,与行政区一级的公共设施相对应,作为市一级中心与社区中心之间的重要补充,包括中山公园地区、大宁地区等都被规划为地区中心。地区中心设置主要考虑以下方面:结合城市公共交通的可达性,有良好的公共交通支撑;靠近城市绿地,有良好的环境条件;位置适中,有合适的服务半径;依托城市更新,有实施的可能。

(3) 社区中心:社区中心与街道相对应,理论上以 5 万人为服务半径,基本与居住区配套服务中心相一致,是市民生活的最基本公共配套中心。社区中心规划强化其医疗保健、文化体育、社区教育等服务功能,建成区的社区中心以改造完善为主,新开发地区以新建为主。

2) 上海新虹桥商务区规划

上海虹桥商务区位于上海中心城西侧,沪宁、沪杭发展轴线的交汇处,结合虹桥综合交通枢纽设置,规划用地面积约为 86.6 km^2。从 2006 年起至 2009 年底,虹桥商务区的功能战略定位共经过六轮大的规划调整(图 5-2),最终确定为服务中国东部沿海地区和长三角地区的大型综合交通枢纽;是上海实现“四个率先”、建设“四个中心”和现代化国际大都市的重要商务集聚区;是贯彻国家战略,促进上海服务全国、服务长江流域、服务长三角地区的重要载体。

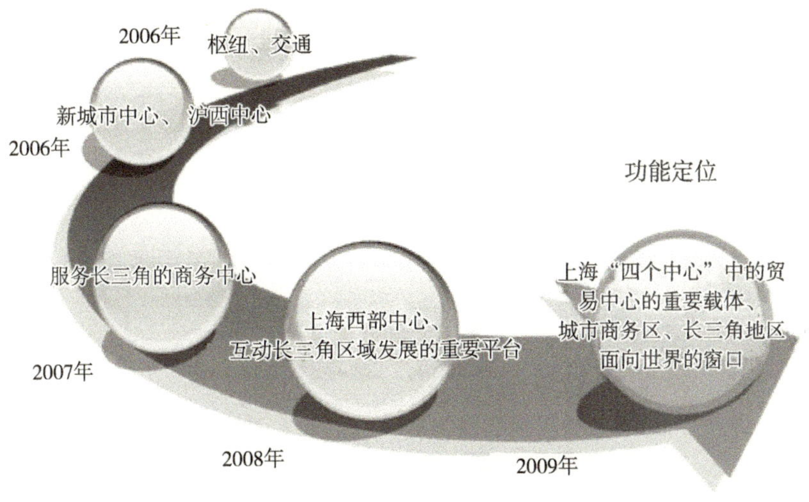

图 5-2　上海虹桥商务区规划的定位调整

(1) 2006 年 2 月报批的《虹桥综合交通枢纽结构规划》的功能定位是建成高速铁路、城际和城市轨道交通、公共汽车、出租车及航空港紧密衔接的国际一流的现代化大型综合交通枢纽。着重对枢纽地区发展进行控制和协调，确保枢纽交通功能的实现(图 5-3)。

(2) 2006 年上海市规划局组织开展了虹桥枢纽区域的发展功能定位研究(图 5-4)，提出了如"面向长三角、服务长三角的区域性商务地区""服务长三角的新城市中心地区，上海的第三市中心""沪西中心区，专注于上海西部发展和长三角地区整合的中心"等概念。本次咨询研究提出的面向长三角的商务服务功能得到认可，但对"上海第三市中心"等争论较大。

(3) 2007—2009 年在上报上海市政府的《虹桥商务区控制性详细规划》中虹桥枢纽及周边区域的定位表述为，服务长三角的商务中心，成为中国东部沿海地区、长三角地区重要的城市综合交通枢纽；成为贯彻国家战略，促进上海服务全国、服务长江流域、服务长三角，进一步促进上海现代化国际大都市建设的重要载体；成为上海西部重要的现代服务业集聚区之一。宏观上明确作为国际大都市建设的重要载体的概念，载体的外在表现形式尚不清晰。

(4) 2008—2009 年在发展和改革委员会的《虹桥综合交通枢纽区域发展方向、管理开发方式和核心区产业设计》研究中，将虹桥枢纽区域定位为上海的西部中心，形成上海发展现代服务业的又一重要载体，成为辐射并带动杭宁城市带、皖江经济带提升发展的重要引擎；成为互动长三角区域发展的重要平台；成为联结全国发展的重要窗口。功能定位上的表述不同但基本含义一致，互动长三角区域发展的重要平台这一概念涉及贸易服务，但没有进一步明确。

(5) 2009 年《虹桥商务区核心区城市设计》国际方案征集，"中国商业贸易的世界舞台""商业及贸易提供独一无二的国内平台"，以及上海"四个中心"中的贸易中心的重要载体、具有国际影响力的城市商务区、长三角地区面向世界的窗口的定位，较以往有所突破，特别是站在整个城市的高度首次明确提出贸易中心载体的概念。

(6) 2009 年 8 月《虹桥商务区功能定位及产业发展深化研究》将虹桥枢纽区域确定为服务中国东部沿海地区和长三角地区的大型综合交通枢纽；是上海实现"四个率先"、建设"四个中心"和现代化国际大都市的重要商务集聚区；是贯彻国家战略，促进上海服务全国、服务长江流域、服务长三角地区的重要载体。

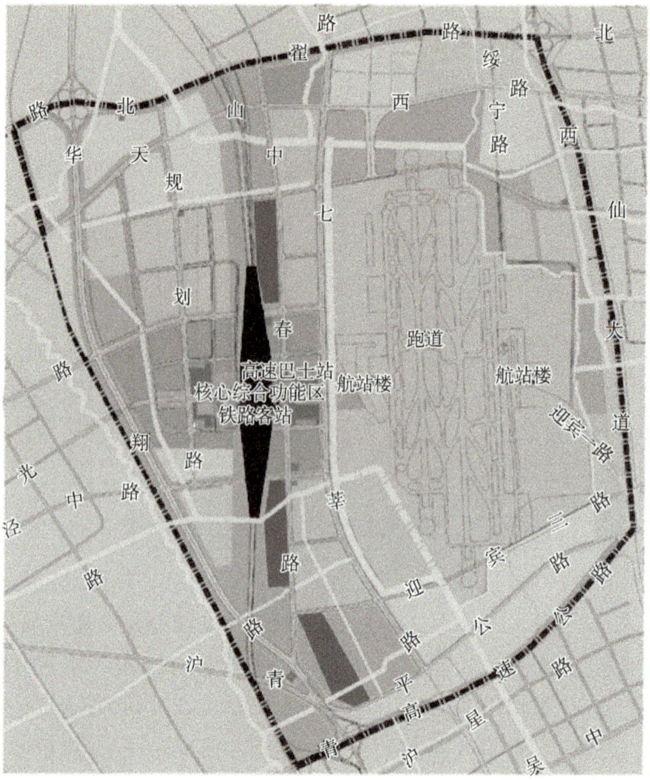

图 5-3　2006 年虹桥综合交通枢纽结构规划图

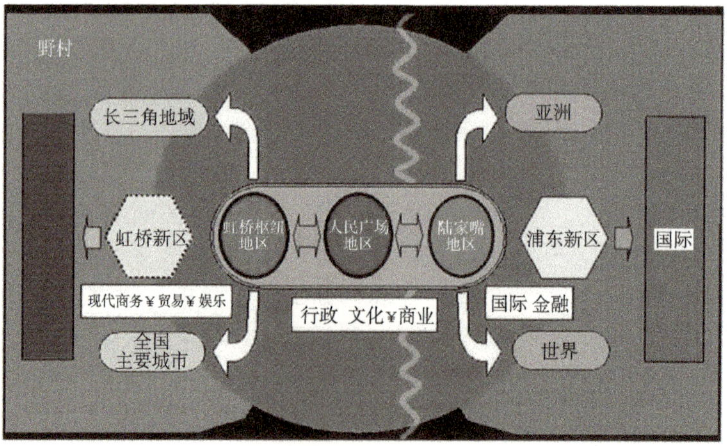

图 5-4　2006 年虹桥枢纽区域发展功能定位研究

综上，在虹桥商务区在上海公共活动中心体系的定位，以及与未来上海中央商务区（CBD）空间结构的关系基础上，规划对虹桥商务区进行了全面的功能定位分析以及产业发展和业态分析。上海虹桥商务区规划定位的不断调整，实际上反映了服务经济下城市空间发展的要求。其面向长三角的区位、大型综合交通枢纽的布局使得该地区成为未来极具发展潜力的地区。

5.2.2 服务业布局专项规划

1）上海服务业布局规划总体概况

2005年在上海经济和信息化委员会等部门的推动下，开展了全市宏观层面的服务业总体布局规划安排，包括《上海市中心城区现代服务业集聚区布局规划》与《上海市郊区现代服务业集聚区布局规划》。规划提出建设服务集聚中心，包括市级20个现代服务业集聚区、75个创意产业园区、5个服务外包示范园区和19个生产性服务业功能区；市级以外的各区县还有大大小小的现代服务业集聚区、园区。

2009年国务院发布《关于推进上海加快发展现代服务业和先进制造业、建设国际金融中心和国际航运中心的意见》以后，上海市政府、经济和信息化委员会等部门进一步委托上海市规划设计研究院等先后密集地开展了一批有关"服务集聚区"具体的专项规划，如《外滩金融集聚带功能深化研究》《上海市金融集聚区布局规划》《上海基本商务区规划研究报告》等，见表5-1。

表5-1 上海与服务业布局相关的专项规划

编制时间	规划名称	主要规划内容及定位
2005年	《上海市中心城区现代服务业集聚区布局规划》与《上海市郊区现代服务业集聚区布局规划》	市级20个现代服务业集聚区、75个创意产业园区、5个服务外包示范园区和19个生产性服务业功能区
2008-09至2009-04	《外滩金融集聚带功能深化研究》	上海"一城一带"金融核心功能区的重要组成部分。将外滩塑造为"资产管理中心""资本运营中心""金融服务中心"三位一体的高能级业态聚合体
2009-05至2010-06	《上海保税港区和物流园区功能与相关指标研究》	重点就上海保税港区和物流园区的功能和相关规划指标提出规划建议
2009-04至2009-12	《虹桥地区发展战略研究》	服务中国东部沿海地区和长三角地区的大型综合交通枢纽；上海实现"四个率先"，建设"四个中心"和现代化国际大都市的重要商务集聚区；贯彻国家战略，促进上海服务全国、服务长江流域、服务长三角地区的重要载体
2010-09至2011-08	《虹桥商务区规划》	土地利用综合集约、交通运行安全高效、产业发展更新转型、生态环境低碳优美的综合商务区
2011-05（完成时间）	《上海基本商务区规划研究报告》	提出"1+4+21"基本商务区布局：1个中央商务区；4个区域级商务区；21个地区级商务区
2011-11（完成时间）	《上海市金融集聚区布局规划》	提出"2+4+13"金融集聚区布局：2个金融核心集聚区；4个金融集聚区；13个金融集聚点
2010-09至2011-07	《上海世博会地区后续利用规划》	市级标志性公共活动中心，突出国际文化交流功能，集中发展文化博览创意、总部商务、高端会展、旅游休闲和生态人居

2）上海金融集聚区布局规划

为推动上海形成以服务经济为主体的产业结构，按照上海建设两个中心、加快发展现代服务业的要求,《上海市推进国际金融中心建设条例》中提出编制金融集聚区布局规划的要求。2010 年 4 月,上海市金融服务办公室、上海市规划和国土资源管理局、上海市住房保障和房屋管理局等部门成立工作小组,以推进规划工作的开展。随后,有关区按照工作小组的统一要求,提出了各自金融集聚区布局规划的设想。上海市城市规划设计研究院受市金融服务办公室、市规划和国土资源管理局的委托,根据上海市总体规划布局,以及金融和相关产业的发展要求,参考各区的发展设想,编制《上海市金融集聚区布局规划》。各类金融集聚区的定位如下:

(1) 金融核心集聚区:金融要素市场机构,银行、证券、保险总部机构以及一级分支机构,知名跨国金融机构的区域总部等高度集聚的区域。该区域应具有较强的国际影响力,金融及相关产业所占的比重不少于 40%,建筑规模不少于 50 万 m^2。

(2) 金融集聚区:国内外知名银行、证券、保险机构分支以及金融企业的总部等相对集聚的区域。该区域应在国内和长三角地区具有一定的影响力,金融及相关产业所占的比重不少于 25%,建筑规模不少于 20 万 m^2。

(3) 金融集聚点:具备一定金融业基础以及具有发展潜力的区域,或者是国内外金融机构后台服务企业和金融创新企业集聚的区域。该区域应在国内和长三角地区具有一定的影响力,金融及相关产业所占的比重不少于 15%,建筑规模不少于 10 万 m^2。

空间布局如图 5-5 所示:① 金融核心集聚区包括陆家嘴金融城(包括世纪大道)、外滩金融集聚带;② 金融集聚区包括南京西路金融集聚区、虹桥枢纽金融集聚区、北外滩金融集聚区、苏河湾金融集聚区;③ 金融集聚点包括中心城区徐汇滨江金融集聚点、世博园周边金融集聚点、长风金融港等 13 个金融集聚点。

图 5-5　上海市金融集聚区布局规划图

5.3 国内规划实践中的问题

1）对中心承载的服务功能认知不足

尽管规划人员逐渐认识到当前城市中心的服务职能越来越重要，但笼统地将服务业作为一个整体，忽视了服务业的多样性，对城市中心（体系）服务功能的分化缺乏研究和思考，导致城市中心深层次的功能配置研究基本做不到位（杨保军等，2007）。

面对现有劳动地域分工的变化和产业在全球网络中的梯度转移，城市在全球、区域网络中的定位，城市本身服务业的发展基础、分工趋势，腹地及区域制造业的服务需求，这三个方面共同决定了城市空间服务性中心的数量与规模。另外，服务业在全球层面、国家或区域层面，以及本地联系这三个层面的联系，共同组成了网络化的服务联系。需要进一步定性或定量判断其中哪种联系占主导地位，从而确定服务性中心的职能定位。

从服务分工两种趋势来看，服务产品细分取决于服务市场需求的扩大，在当前中国城市和区域发展转型的背景下，创新与区域合作、发掘本土市场是经济发展和产业提升重要的方式；服务价值链细分从本质上来说是服务效率提高的要求以及技术应用（信息技术、模块化技术等）的影响，一般来说受到来自更高层次的城市（如全球城市）高端服务业的价值链细分驱动。两种趋势深刻影响着服务性中心发展分化的趋势，以及各中心（节点）在服务分工中所承担的角色。

一般来说，从空间类型来看，CBD、中心城区、大都市范围三个空间层次的中心（节点）所提供的服务产品类型和功能有相当大的差异：CBD 提供管理决策型高端金融产品、法律服务、会计服务；中心城区副中心或其他节点提供生产创新型金融产品、商务服务产品（如广告、咨询），以及信息技术服务产品；大都市范围卫星城中心提供相对标准化的金融产品、商务服务产品、信息技术产品等；特定空间区位（如机场、港口、综合性交通节点）提供物流产品；技术支持型服务中心（节点）的空间选址相对灵活，但发展初期仍然需要靠近城市已有的信息技术发展基础良好的空间。

2）对中心的区位和发展条件缺乏深入研究

现阶段中国大部分城市仍然处于规模快速扩张时期，出现了新的城市（副）中心需要选址的现实问题。但是在新的城市中心区位选址上，非理性决策的表现太多（容易看到眼前的土地价值和收益问题），而忽视了长远的宏观层面的城市空间资源配置问题。在中心的选址上，往往先有决策者中心选址的意见，而规划人员只是跟在后面论证其合理性（杨保军等，2007）。

在信息技术及服务经济下，中心的区位选址虽然灵活性更大，但是其区位选择并不是随意的。承担传统的消费性职能的城市中心需要与一定的人口规模相适应；而对于服务性的城市中心而言，网络中一个中心（节点）的机遇更多地取决于节点之间紧密的相互作用和劳动分工中的互相补充与协调：① 只有符合知识信息、人力资本这些更高级的生产要素集聚，便于与客户、各种人员面对面沟通交流，市场需求旺盛的地方，才有可能形成新的服务性中心；② 服务价值链分化、服务"流程片段化"中不同的服务功能所对应的区位需求的差异性，深刻影响着不同功能层级的服务性中心（节点）的空间选址；③ 中心的发展不是一蹴而就，真正的形成可能需要相当长的时期。在服务性中心的选址布局中，要充分尊重分工的客观规律，尽量避免盲目集聚的倾向，积极为生产性服务健康发展创造有利的空间环境。

3）中心布局受行政因素影响

当前上海专项服务业规划的一个特点是服务业在空间各方向上的均衡布局。在“两级政府、三级管理”的分权体制下，地方政府在城市发展过程中仍然扮演着主动干预的角色，在“摸着石头过河”等试验性质的发展策略下，各区都坚持发展自己的服务园区，而对于发展时机和条件是否适合的考虑较少。这种均衡布局使得政策资源过于分散，难以使分散的社会主体或企业对某个特定的空间区位达成共识，空间资源利用低效。

如《上海基本商务区规划研究报告》提出“1＋4＋21”基本商务区布局，即1个中央商务区、4个区域级商务区、21个地区级商务区；《上海市金融集聚区布局规划》提出“2＋4＋13”金融集聚区布局，即2个金融核心集聚区、4个金融集聚区、13个金融集聚点；《上海市中心城区现代服务业集聚区布局规划》与《上海市郊区现代服务业集聚区布局规划》提出建设市级层面“20＋75＋5＋19”的各类服务业集聚园区（参观前文）。

这些规划的大大小小的服务集聚区，不仅空间上存在着部分重叠，职能定位上也相当模糊、交叉、混乱。笔者认为对于这些集聚区规划而言，重要的并不是将其规划成某个世界级、区域级或地方级的集聚区，而是需要弄清该地方（节点）在服务分工中所实际承担的角色，同时在空间上哪些服务存在相关性，在此基础上整合这些规划，并将其转变为公共政策，才能真正发挥规划的作用。

4）忽视支撑中心发展和培育的政策研究

当前国内大部分的城市中心规划仍然延续了工业时代以来的物质空间规划传统，主要表现在以下三个方面：

（1）偏重物质空间设计和各种规划指标配置。在中央商务区（CBD）、中央活动区（CAZ），各种城市中心的建设开发中，大部分规划都追求形式的完美，功能发展则让位于眼球效应，高楼大厦、宏伟轴线成为城市发展规划津津乐道的标签，中心区规划理念普遍存在过度形象化的倾向。如上海陆家嘴中央商务区，之前的发展重心更多集中在基本城市设施的建设上面，造成目前有了以高层建筑群为外表的“壳”而缺乏足以支撑地区高标准的配套服务设施的“核”（孙施文，2006；骆悰，2008）。

（2）缺失重要的经济政策支持。这是由于长期以来中国规划编制部门形成的体制分割及“各自为战”的编制方式，与国民经济和社会发展规划之间处于平行发展的状态，产生了部门与整体之间、短期与长期之间、局部与全局之间利益的各种矛盾，严重制约了规划所能够发挥的作用。如上海市经济和信息化委员会等部门主持编制的《上海市中心城区现代服务业集聚区布局规划》与城市规划部门编制的《上海中心城区中心体系规划》是两个相互平行的规划，二者之间基本没有联系。经济和信息化委员会等部门对现代服务业集聚区的布局延续了传统工业开发区的思路，重视物质设施尤其是期望于对现有工业基础（厂房、土地等）的改造和再利用，如75个创意产业园、19个生产性服务业集聚区布局的出发点都是尽可能地充分利用原有工业设施。短期来看可能取得了一定的经济效应，但是从长远来看，则忽视了服务不同于工业发展的空间组织规律，不利于促进服务分工的进一步细化、深化，如上海部分创意产业园目前即面临布局过于分散，难以形成规模效应的问题。

（3）缺少其他配套（环境、交通等）政策的支持。就上海而言，影响城市整体发展效率、空间增长优势的地区并没有得到环境等配套体系的充分支持；上海现代服务业的发展空间已经很庞大，但优化布局结构、提升发展效率、既有规划城市轨道交通体系与城市远期整体发展导向的结合度差(骆悰,2008)。

另外,还需要关注服务多样性对空间可能产生更深远的影响。生产性服务既包括具有高知识技能、知识创新密集的工作,也包括仅需低技能就能完成的简单服务,如传统货物搬运、呼叫服务等。服务功能分化导致就业人群差异、收入差异、配套的公共设施差异等,可能使得空间不平衡发展加剧。城市规划需要纳入社会维度,尽可能调配公共资源,保障社会均衡与公平。

5.4 生产性服务业分工视角的启示及建议

5.4.1 规划启示

1) 重视生产性服务业分工程度对城市中心的影响

对于特定城市或地区,由于不同的城市规模、人力资本积累以及外部发展条件等方面的差异,在分工阶段、产业类型和产品类型上存在着相当大的差异。除少数离岸服务中心外,只有当城市发展到一定的阶段和规模,分工演进过程中产生大量的生产性服务需求,才会出现服务性集聚中心。

同时,服务的分工程度约束着服务性中心的发展与进一步的分化。① 服务分工的初期阶段,行业基础、外部发展条件、政策因素等初始条件对服务性中心的形成与区位选择有相当大的制约作用;② 服务分工的发展深化阶段,由于规模报酬递增和本地市场效应,服务性中心可能会进入自我强化的循环累积过程,并不断分化出新的中心;③ 当服务分工的比较优势(体现在横向、纵向、互补关系三方面)不在时,服务性中心可能会衰退或转移。

对于具体的城市来说,城市规划需要判断城市的发展阶段和分工情况,尤其是服务分工进入到什么阶段,是否会继续细分?分工的边界在哪里?对已有的城市中心以及未来的中心体系的发展影响如何?虽然生产性服务业的发展和分工具有相当大的前景和经济效益,但是可以流动的要素资本在总量上以及市场需求上仍是有限的,很难满足地区内所有中心"做大做强"的要求,因此有必要建立客观科学的预测和评价标准。在此基础上,优化城市及区域空间布局,完善相关政策配套,促进多中心城市及区域的持续健康发展。

2) 重视现有中心的功能内涵变化

现有中心可能长期存在,但其功能内涵研究在规划中需要加以重视。"有些组织拥有以长期的固定投资的形式存在的很多'沉淀成本',有些则依靠地方化的市场或供应商,其他一些严重依赖稀有的劳动供给或当地的(物质的或社会的)基础设施"(埃里克·谢泼德等,2008)。宁越敏、石崧(2011)将空间对分工经济的意义归纳为两方面:一是空间存在着成本差异,即空间不平等,所以通过空间分工可以降低企业生产成本,提高专业化水平,获取最大化专业化经济;二是利用空间差异这一行为本身会导致交易成本增加,这会促使企业组织发生相应变化。

如上海虹口北外滩航运功能要素的集聚。虽然北外滩码头的装卸服务功能逐步向黄浦江下游、长江口转移,并进一步向外海(大小洋山)转移。但该区域已经形成的航运要素市场不会转移,航运相关的政府服务机构仍在;航运公司及航运辅助服务企业不会随码头向外转移,航运公司一般会在码头现场设置操作部门,负责现场服务,但公司总部及其营运服务中心仍会继续留在北外滩。尽管虹口北外滩目前还处于物流准管理决策功能阶段，但是未来趋势会向国际性的物流管理决策功能发展。

3）辨识和培育有利于知识溢出的区位

随着分工的不断深化，空间往往对专业化经济、生产成本、交易成本等多方面施加非线性因素（宁越敏等，2011）。知识溢出的区位未来可能发展为经济增长的空间，如何辨识和培育有利于知识溢出的区位是城市规划的重要课题。

（1）空间临近有利于知识尤其是缄默性知识的增长。知识和技术在某种程度上是地方的而不是全球的（梁琦，2004），即知识溢出和技术扩散具有一定的空间约束。知识和技术的传播并不是即时的、瞬时的，在一段时间范畴内，新知识和新技术只被有限的人们利用。这里时空不可分割，即在有限的时间内，新知识与新技术只能在有限的空间传播；另外，信息在传送过程中会有扭曲和失真的现象，传送路径越长，扭曲和失真的现象越多，因此信息也有信息源和辐射圈。而且并不是所有的知识都能像可编码信息那样传输的。

（2）空间临近有利于人员流动和非正式合作；另一方面，技术人员的流动使信息在不同的企业和团队之间传播；另一方面，大量的非正式合作，如各种工作团队的互动或紧密的团队协作，都有利于服务业发展和提升竞争力。

5.4.2 政策建议

1）当前以伦敦中央活动区为代表的中心政策分区是未来中心规划的重要导向

在服务经济下，城市中心体系是承载服务业分工深化的空间载体。促进中心体系的服务职能多元化发展，首先需要在战略定位上，对各类中心根据现有基础和未来发展的潜力进行一定的判断，才能做到有的放矢、分类把握。例如，哪些有可能发展成为全球性或区域性的城市中心？哪些是为城市本地提供服务的中心？哪些又是为周边居民提供日常生活服务的中心？

自2004年伦敦战略规划中首次提出了“中央活动区”（Central Activity Zone，CAZ）之后，2011年7月22日伦敦市市长鲍里斯·约翰逊（Boris Johnson）公布了《伦敦空间发展战略》，这一最新版的伦敦规划延续并强化了CAZ的空间发展战略（图5-6至图5-8），将伦敦分为外伦敦、内伦敦和中央活动区。

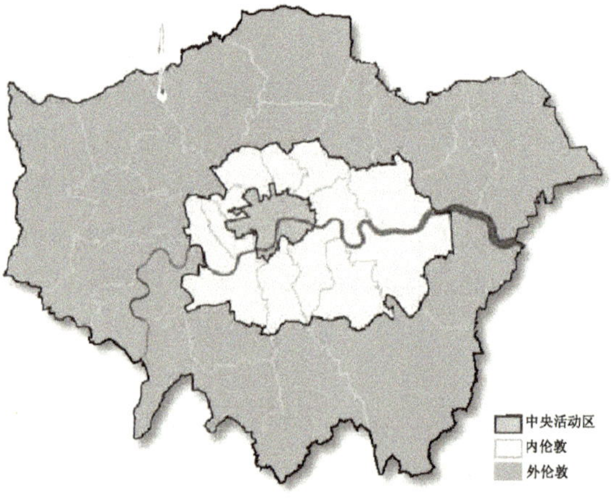

图5-6 CAZ在伦敦的区位

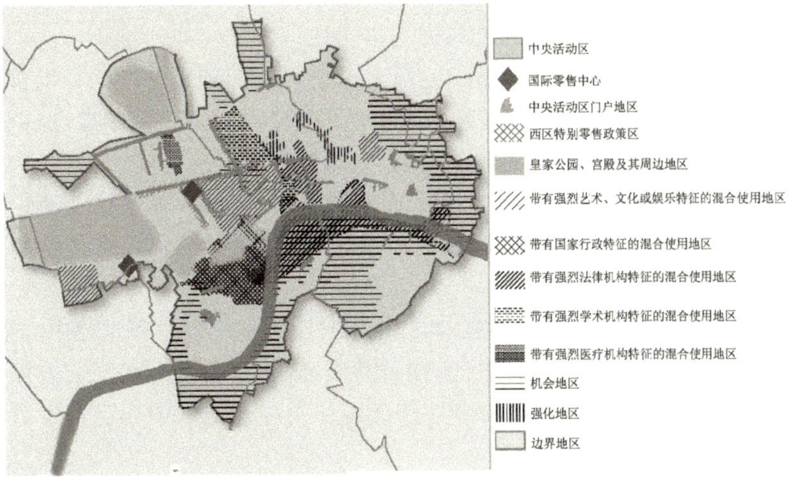

图 5-7　CAZ 功能区规划

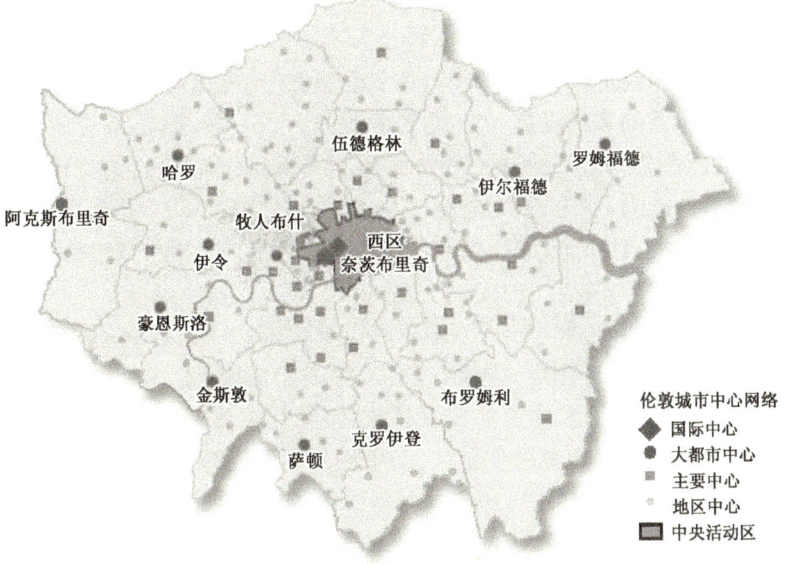

图 5-8　伦敦城市中心体系规划图

在大伦敦范围内，新规划在肯定已有多中心格局的基础上，以网络框架来组织大伦敦的中心体系，根据规模、土地混合使用、经济绩效以及可达性指标分为中央活动区（CAZ）、国际中心（International Center）、大都市中心（Metropolitan Center）、主要中心（Major Center）和地区中心（District Center）五个层级，构成合理的大都市中心等级体系，共同承担功能互补的中心作用。

（1）中央活动区（CAZ）：作为全球城市的核心功能区，是伦敦的地理、经济和政治的中心，汇集了伦敦最密集的金融业和全球性的服务业。其范围跨越伦敦的中部和东部规划分区，通过中央活动区的建设来整合伦敦传统中心地区与城市未来发展的重点地区，带动与促进伦敦下个阶段以东次分区为战略重点的发展。同时，规划还确定了从中央活动区向东辐射到泰晤士河门廊地区作为城市发展的主要轴线。

（2）国际中心（International Center）：伦敦的全球知名零售目的地，拥有与高端和专业化购物相匹配的、范围广泛的、卓越的公共交通可达性。

（3）大都市中心（Metropolitan Center）：服务范围可延伸到更广泛的东南部地区。通常包含至少10万m^2的零售楼面面积，有着显著比例的比选性（区别于日常性）商品。这些中心通常有很好的可达性和显著的容纳就业的能力，以及休闲服务功能。

（4）主要中心（Major Center）：通常位于内伦敦和外伦敦的部分地区，服务范围广泛。通常包含超过5万m^2的零售楼面面积，具有较高比例的比选性商品，有显著的容纳就业的能力和休闲服务功能。

（5）地区中心（District Center）：这类中心的分布比大都市中心和主要中心更为广泛，更多地为当地社区提供日常性的商品和服务，在公共交通、步行和自行车交通方面有着良好的可达性。通常包含1万m^2—5万m^2的零售楼面面积。一些地区中心已经发展成为专业性的购物中心。

《伦敦空间发展战略》还规划了再下一层次的邻里和更加地方化的中心：通常为更局部的地区提供服务，方便步行和自行车交通，有小规模的商店、小型超市（通常为500 m^2）、子邮局、药店、洗衣店和其他本地服务。

各类中心未来的增长潜力被进一步划分为高、中、低以及是否具有再生可能四类。① 高增长：拥有战略性的显著的增长水平，具有强劲的需求和大型零售、休闲或办公的发展，需要与之匹配的优秀的基础设施和公共交通能力。② 中等增长：具有中等水平的零售、休闲或办公的楼面面积需求，需要与之匹配的良好的基础设施和公共交通能力。③ 低增长：被鼓励利用现有的能力，使之发挥最大能力，需要与之匹配的一般的基础设施和公共交通能力。④ 再生：这是一个补充分类，指的是那些具有潜在再生能力（包括物质空间、环境、经济再生）的中心。

《伦敦空间发展战略》强化并区分了CAZ以及城市中心体系各自不同的发展政策。这些政策集中在空间政策、人口（住房）政策、经济政策三个方面（表5-2）。《伦敦空间发展战略》需要在地方发展规划（LDFS）中进一步具体化，政策制定具有一定的抽象性特征，但并不妨碍其鲜明的公共政策属性，为中国多元化、多中心发展的大都市规划实践提供了典型的范例。另外，不论是CAZ，还是城市中心体系，规划都强调了新兴经济产业政策、鼓励提高（网络）连通性政策的重要性。

表5-2　CAZ及城市中心体系的政策支持

	空间政策	人口（住房）政策	经济政策
CAZ	2.10 中央活动区的战略重点； 2.11 中央活动区的职能战略； 2.12 中央活动区的主要活动	3.4 潜在的住房优化	4.3 混合开发与办公； 4.6 支持并强化艺术、文化、体育与娱乐供给
城市中心体系	2.15 城市中心体系	—	4.7 零售与城市中心体系的发展； 4.8 支持成功和多样化的零售业

一是与CAZ发展相关的政策。① 空间政策包括：政策2.10　中央活动区的战略重点，从宏观层面对CAZ提出总体的战略性定位。政策2.11　中央活动区的职能战略，针对CAZ内的每一个具体的功能区提出职能定位和工作计划，如需要对西区专业零售政策地区

(West End Special Retail Policy Area)制定一个规划框架;改善和管理家居办公(SOHO)/考文特花园(Covent Garden)地区的夜间活动,强化肯辛顿博物馆(Kensington Museum)周边以及南岸文化地区的战略环境等。政策 2.12　中央活动区的主要活动,指出市长应该制订工作计划以保障 CAZ 内的住房供给和土地混合使用,并和社会基础设施供应商一起为满足当地居民、游客以及工作人员的需求共同努力。② 人口(住房)政策包括:政策 3.4　潜在的住房优化,针对不同的空间区位制定了具体的居住密度标准,以及可持续的住房质量标准。③ 经济政策包括:政策 4.3　强调混合开发与办公,明确提出增加 CAZ 及犬岛(The Isle of Dogs)机会地区的办公楼楼面面积,提倡包括住房等在内的混合使用(除非混合用途与其他政策相抵触),并要求地方发展规划做出本地发展计划,综合考虑"土地使用交易""住房信贷"等,共同支持具有重要战略意义的伦敦经济集群及犬岛机会地区的发展。政策 4.6　支持并强化艺术、文化、体育与娱乐供给,要求地方发展规划促进和保护创造性的工作和表演空间及相关设施;指定和发展适应新的艺术、文化和休闲活动的文化地区;促进和发展现有的和新的文化和旅游景点(特别是在外伦敦);通过发展新的方式来减轻高容量游客地区的压力;寻求提升艺术、文化、专业运动以及娱乐设施的社会角色和经济贡献。

二是与城市中心体系相关的政策。① 空间政策:政策 2.15　城市中心体系,明确各类中心的功能定位。② 经济政策:政策 4.7　零售与城市中心体系的发展,提出零售、商业、文化和休闲的发展规模必须与中心的角色和功能相匹配的原则,要求地方发展规划制定满足未来需求的零售和其他商业用地的综合战略和评估。政策 4.8　支持成功和多样化的零售业,在国际中心、大都市中心以及主要中心提高比选性商品供给的能力;在地区中心、邻里和更地方化的中心支持便利性零售商业;支持发展伦敦多样化的市场发展,包括街道形式、农户家庭以及其他形式的市场等,补充各种措施以改善其管理并帮助提高他们的报价,增强城市中心的活力;支持网络销售和更高效率的交易系统。

在服务经济下,CAZ 将会是未来很长时间高端服务集聚及高级要素集聚的最核心地区,其功能和空间的重要性将会越来越重要。在 CAZ,建立居住、工作、生活和娱乐的复合空间,通过居住、工作临近来增加人们的自由时间,实现都市生活舒适与休闲的目标。明确 CAZ 的发展目标可能存在以下几点:① 高端的国际化商务区;② 集聚人群的有文化且热闹的地区;③ 与信息化社会相适应的信息交流和发布地区;④ 风格与活力协调地区;⑤ 高度通达和便利舒适的地区;⑥ 与环境共生的地区;⑦ 安心和安全的地区;⑧ 社区、政府和游客合作培育的地区[①]。

就上海而言,内环内浦西地区可以参照伦敦的经验,突破传统的城市中心的局限,在整体上作为 CAZ 的发展定位(骆悰,2008),发展多元化的服务业。这是因为当前上海浦西内环线以内的地区具有以下特征:现状公共设施规模较小而分布密集、均匀;传统的历史文化风貌保护区集中分布,拥有上海最好的城市软环境;拥有上海规划最密集且最佳的公共交通可达条件;未来开发强度的严格限制将促进土地进一步向高效率方向发展。这些都使得浦西内环线以内地区已经呈现出一种均质化的多点集聚发展,提供服务功能高端化且服务空间边界相互渗透,因此有必要从一个整体的概念来理解该地区高端服务的快速发展。

2) 提高基础设施的通达性,促进各种要素流动

城市中心体系网络化有利于促进服务的进一步分工细化。提高物质空间、市场环境以及信息基础设施的内外通达性,是促进城市中心体系网络化发展的关键。

(1) 提高交通的通达性,方便人员、商品的流通。通过改善交通运输条件,以方便人员、

商品流通，促进垂直关联效应、知识共享与外溢等集聚效应的发挥。

从城市内部的交通可达性来看，城市规划需要重视服务业发展所带来的大量就业人口的交通需求，尤其是对轨道交通规划（前期基础设施投入量巨大，后期难以更改调整）要有一定的预见性。而上海在这方面还存在不足，如张江地区地铁6号线的规划设计，规划之初依据上海本地常住居民的出行作为起讫点（OD）调查对象，对该地区的信息技术服务以及其他产业快速发展所带来的大量通勤需求（主要是外来技术人才的通勤需求）估计严重不足。

从城市对外的交通可达性来看，城市规划应重视与区域衔接的交通枢纽地区与城市内部交通的联系。例如，上海虹桥火车站、上海南站等附近集聚了大量为华东地区提供技术服务的生产性服务企业（或分支机构），刺激了该地区的出行交通需求，需要引起规划的重视。

（2）提高市场环境的通达性，为资金、信息等非物质性要素流动提供保障。服务业的发展，特别是以金融为代表的知识信息服务业依赖于制度体系的规制，需要构建稳健、透明的市场基础设施与环境，以降低资金、信息等要素流动的制度门槛和交易成本，为要素的自由、高效、安全、有序流动提供保障（陶纪明等，2012）。如加强金融基础设施、金融环境和制度建设，推进与国际及新兴金融市场的物理与制度连接，优化金融监管，营造稳健、安全、高效的金融市场环境等；优化注册审批制度，提高规划管理效率；促进电子政务发展，提高行政效率；完善低税制，夯实税基等。

（3）提高信息基础设施的通达性，有利于提高知识创新和传播的速度。例如，提升骨干网的传输和交换能力，加快信息传输网络延伸，构建高速数据通道。建设基于物联网技术和下一代移动通信技术的城市物联网基础平台，推进物联网应用试点，以及推动云计算创新基地的建设，构建云计算创业孵化器、云计算企业加速器、云计算总部基地和云计算人才实训基地等。

3）加强促进服务业分工深化的经济政策支持

服务业分工深化虽然是市场行为，但可以通过规划引导，使得分散的社会主体对特定的空间区位达成共识，对空间发展有一个"理性预期"，从而强化城市中心的服务企业集聚。

（1）协调各类规划是必要的基础性工作。当前的城市中心规划除了物质空间层面的规划组织和设计的战术性问题之外，更重要的是产业和空间发展的战略性问题。与城市其他地区的规划建设相比，城市中心区的规划建设战略性和战术性结合应该更加紧密（杨保军等，2007）。有必要建立各类规划尤其是与国民经济和社会发展规划之间系统有效的衔接机制，形成城市发展的"政策合力"。

（2）明确人才是服务经济发展最核心的要素。城市规划需要考虑适合人才发展的政策，如将专业人才的住房需求纳入租赁房政策计划，有利于提高人才的流动性。上海、北京这类房价和租金都很高的城市，其住房支出与收入比过高，而多数新白领不在现有住房保障政策之下（钱瑛瑛等，2007），为了更好地吸引和留住人才，可以考虑采用多种方式来完善现有的住房公共租赁政策，构建以租为主的住房保障体系，拓宽资金筹集渠道，通过新建、改造、收购等方式来调整住房供应结构，或通过租房租金补贴、住房公积金政策优惠等方式来解决新白领的住房问题。

（3）集聚功能性机构是促进服务跨地域分工的关键。功能性机构包括跨国公司、大型服务公司、要素型机构等，它们是服务跨地域分工的关键性主体或行动单位。功能性机构的内部流(包括信息、指令、战略、计划、人员等方面的流动),提供了企业网络联系的基础;在内部联系的基础上,还存在着更广泛的外部关系网络,如知识流网络、管制网络、文化网络、能量网络等,这些联系起着连接世界经济、提升城市服务能力的关键性作用。另外,各种非政府组织(NGOs)和跨政府组织(IGOs),尽管有相当部分是非经济组织(世界银行、货币基金组织等属于经济组织),但具有极为广泛的国际网络联系,会带来大量的信息流和人流,直接和间接地促进网络流量的扩展(周振华,2009)。

注释

① 见 2011 年版《伦敦空间发展战略》. http://www. london. gov. uk/thelondonplan。

附录

附录 1　根据《国民经济行业分类》四级代码确定的生产性服务业

《国民经济行业分类》(GB/T 4754—2002)

代码				类别名称	说明
门类	大类	中类	小类		
F				交通运输、仓储和邮政业	本类包括 51—59 大类
	51			铁路运输业	指铁路客运、货运及相关的调度、信号、机车、车辆、检修、工务等活动。不包括铁路系统所属的机车、车辆及信号通信设备的制造厂(公司)、建筑工程公司、商店、学校、科研所、医院等
		512	5120	铁路货物运输	—
	52			道路运输业	—
		522	5220	道路货物运输	指所有道路的货物运输活动
	54			水上运输业	—
		542		水上货物运输	—
			5421	远洋货物运输	—
			5422	沿海货物运输	—
			5423	内河货物运输	指江、河、湖泊、水库的水上货物运输活动
	55			航空运输业	—
			5512	航空货物运输	指以货物或邮件为主的航空运输活动
	57			装卸搬运和其他运输服务业	—
		571	5710	装卸搬运	—
		572	5720	运输代理服务	指与运输有关的代理及服务活动
	58			仓储业	指专门从事货物仓储、货物运输中转仓储，以及以仓储为主的物流送配活动
		581	5810	谷物、棉花等农产品仓储	—
		589	5890	其他仓储	—

《国民经济行业分类》(GB/T 4754—2002)					
代码				类别名称	说明
门类	大类	中类	小类		
	59			邮政业	—
		591	5910	国家邮政	指国家邮政系统提供的邮政服务
		599	5990	其他寄递服务	指国家邮政系统以外的单位所提供的包裹、小件物品的收集、运输、发送服务
G				信息传输、计算机服务和软件业	本类包括60—62大类
	61			计算机服务业	—
		611	6110	计算机系统服务	指提供计算机系统的设计、集成、安装等方面的服务
		612	6120	数据处理	为用户提供数据的录入、加工、存贮等方面的服务，以及使用用户指定的软件加工数据，并将结果返回给用户的活动
		613	6130	计算机维修	指对计算机硬件及系统环境的维护和修理服务
		619	6190	其他计算机服务	指计算机咨询和其他未列明的计算机服务
	62			软件业	指专门从事计算机软件的设计、程序编制、分析、测试、修改、咨询；为互联网和数据库提供软件设计与技术规范；为软件所支持的系统及环境提供咨询、协调和指导；为硬件嵌入式软件及系统提供咨询、设计、鉴定等活动
		621		公共软件服务	—
			6211	基础软件服务	指为一般计算机用户提供的软件设计、编制、分析、测试等服务
			6212	应用软件服务	指为专业领域使用计算机的用户提供软件服务，以及提供给最终用户产品中的软件(嵌入式软件)服务
		629	6290	其他软件服务	指为特定客户提供的软件服务，以及与软件有关的咨询等活动
J				金融业	本类包括68—71大类
	68			银行业	—

《国民经济行业分类》(GB/T 4754—2002)

代码				类别名称	说明
门类	大类	中类	小类		
		681	6810	中央银行	指代表政府管理金融活动，并制定和执行货币政策的特殊金融机构的活动
		682	6820	商业银行	指国有独资商业银行、股份制银行、城市商业银行、城市信用社、农村信用社等的活动
		689	6890	其他银行	指政策性银行的活动
	69			证券业	指对股票、债券、期货及其他有价证券的投资交易活动
		691	6910	证券市场管理	指证券、期货市场的管理和监督活动
		692	6920	证券经纪与交易	指证券、期货经纪代理人的代理交易活动；证券、基金的管理等活动；证券营业部的管理活动
		693	6930	证券投资	指在证券市场从事股票、基金、债券、期货及其他有价证券的投资等活动
		694	6940	证券分析与咨询	—
	70			保险业	—
		701	7010	人寿保险	指主要提供养老等人寿保险和再保险的活动
		702	7020	非人寿保险	指主要提供除人寿险以外的保险活动和再保险活动
		703	7030	保险辅助服务	指保险代理、评估、监督、咨询等活动
	71			其他金融活动	指银行、证券、保险以外的金融活动
		711	7110	金融信托与管理	指代理资金、财产的信托、管理活动，以及基金的托管人活动
		712	7120	金融租赁	—
		713	7130	财务公司	指经人民银行批准，为企业融资服务的金融活动
		714	7140	邮政储蓄	
		715	7150	典当	指以实物质押的放款活动
		719	7190	其他未列明的金融活动	指上述未列明的金融活动
L				租赁和商务服务业	本类包括 73 和 74 大类
	74			商务服务业	—

《国民经济行业分类》(GB/T 4754—2002)					
代码				类别名称	说明
门类	大类	中类	小类		
		742		法律服务	指律师、公证、仲裁、调解等活动
			7421	律师及相关的法律服务	指在民事案件、刑事案件和其他案件中，为原被告双方提供法律代理服务，以及为一般的民事行为提供法律咨询与服务
			7422	公证服务	—
			7429	其他法律服务	—
		743		咨询与调查	—
			7431	会计、审计及税务服务	—
			7432	市场调查	—
			7433	社会经济咨询	—
			7439	其他专业咨询	指社会经济咨询以外的其他专业咨询活动
		744	7440	广告业	指在报纸、期刊、路牌、灯箱、橱窗、互联网、通讯设备及广播电影电视等媒介上为客户策划、制作的有偿宣传活动

注：上海市第二次经济普查的标准时点为 2008 年 12 月 31 日，时期资料为 2008 年度，依据 2002 年版《国民经济行业分类》。

附录 2　根据 $n_{X\%}$ 指数计算的生产性服务业空间集聚与分散指数

大类	企业类型及所对应的国标四级代码	企业数量（家）	$n_{50\%}$	$n_{100\%}$	$n_{100\%}-n_{90\%}$	$n_{50\%}$分布邮编
J 金融	银行（6810、6820、6890）	2 664	35	220	101	120、40、30、1103、92、02、122、70、129、01、11、336、1100、333、1203、21、434、135、1600、1700、51、233、72、25、10、50、42、32、1400、03、82、1800、1900、80、240
	证券（6910、6920、6930、6940）	659	11	92	40	122、120、30、135、40、63、42、11、1103、25
	保险（7010、7020、7030）	964	19	133	64	120、40、1400、1700、1511、122、30、1600、135、70、2150、1300、01、50、92、1800、11、1100、32
	其他金融活动（7110、7120、7130、7140、7150、7190）	484	35	196	48	120、02、40、92、01、30、122、42、434、1103、333、135、1203、11、51、32、70、336、1613、1300、233、1400、80、127、31、10、1800、21、72、25、435、1500、52、81、126
F 物流	货运代理（5720）	5 768	9	166	113	80、82、92、86、01、331、81、02、1103
	快递及邮政（5990、5910）	558	16	114	47	1103、40、120、232、30、1101、50、233、335、51、52、122、82、11、80、42
	货物运输（5120、5220、5421、5422、5423、5512）	1 997	19	181	90	331、436、137、1901、1108、72、431、90、1802、441、1208、940、1203、1206、1805、82、231、70、120
	仓储及搬运（5810、5890、5710）	1 963	13	162	84	137、131、1901、436、331、443、1906、237、72、1208、940、431
G 信息技术	计算机服务（6110、6120、6130、6190）	3 536	19	162	88	30、233、40、50、1203、1103、70、51、52、63、120、333、92、42、72、32、122、11、01
	软件服务（6211、6212、6290）	3 226	11	118	75	30、1203、233、40、120、1103、50、127、122、63、70

续表

大类	企业类型及所对应的国标四级代码	企业数量（家）	$n_{50\%}$	$n_{100\%}$	$n_{100\%}-n_{90\%}$	$n_{50\%}$分布邮编
L商务服务	法律服务（7421、7422、7429）	874	14	108	59	120、40、122、30、32、70、81、60、11、52、42、92、135
	会计、审计及税务服务(7431)	820	16	131	60	63、30、40、50、120、11、122、92、02、233、01、25、81、51、1400、80
	广告服务(7440)	4 066	16	156	90	30、40、50、42、233、52、60、70、32、51、232、63、120、11、01、122
	咨询服务(7433、7439)	9 500	15	180	124	30、40、120、122、50、52、70、233、01、1103、21、51、32、92、63

注：表中上海邮政编码省略了20、200或2000开头。

附录 3　分工演进历程中的城市中心特征总结

分工的历史阶段及特征		投入—生产—流通—消费	城市中心			
			功能	区位	空间形态与建筑类型	商品(服务)交易类型
(1)手工生产组织方式: •行会手工业 (10 世纪以后) •包买商 (14 世纪—17 世纪 50 年代) •手工工场 (17 世纪 50—19 世纪 50 年代)	•以个人(家庭)和手工业工场作为基本经济单位; •生产规模小,依赖于手艺工人,并受到行会的严格限制; •未使用机器; •商品种类十分有限,流通范围受到很大限制	前店后坊,前面是商店销售,后面是手工作坊,销售空间与生产空间紧密联系	•城市中心是商铺、作坊的集聚地,同一行业往往集聚在一起; •明朝后期随着会馆的兴起,大量会馆逐渐集聚在城市中心	•通常在人流密集、交通便捷的地方形成城市中心,如城门外(皇城)大街、寺观前、鼓楼大街、教堂广场等	•以街道形式为主,两侧是各种店铺、手工作坊等; •建筑类型可以分为小宅店、大宅店、大宅作坊三类	•农副产品,如粮食、茶、水果、花卉等; •手工业商品,如丝织品、棉布、麻织品、书籍、纸张、瓷器等; •手工业原料,如丝、棉花、绒线、靛、油料等商品

续表

分工的历史阶段及特征		投入—生产—流通—消费	城市中心			
			功能	区位	空间形态与建筑类型	商品(服务)交易类型
(2)工业革命开创的机械化生产组织方式: •工厂制度 (19 世纪 50—80 年代) •福特制 (19 世纪 80 年代—20 世纪七八十年代)	•个人(家庭)、手工业工场逐渐被大机器工业工厂取代; •工厂数量大量增加,工厂规模不断增加。为了达到技术和分工活动提供的最大潜力,生产组织必须尽可能地扩大生产规模。同时,为了保证投入、生产、销售的稳定,促进生产组织纵向一体化发展	•生产空间远离城市中心,靠近电厂、河流(工厂制度的产生与动力纺纱机和水力的分布存在密切联系,从一开始就需要机械动力、占用很多空间和资本,与家庭小生产不相容); •生产空间和销售空间分离。销售空间出现新的销售组合形式。零售领域相继迎来三次变革:1853 年第一家百货商店在巴黎诞生;20 世纪 30 年代超市在欧美等国出现;连锁经营的出现	•保障销售持续的标准化的大规模商品功能	•或继承历史上的中心; •或在水陆码头附近形成新的中心; •地铁和主要公共交通的汇聚点	•随着建筑建造技术革命及电梯的出现,垂直方向增长显著; •步行商业街、购物中心的出现满足了 20 世纪消费对于商业建筑类型的需求; •中心等级体系逐渐形成(区域中心—社区中心—邻里中心)	•生活资料:商品类型大大丰富、标准化和满足大众消费需求; •生产资料的交易逐渐退出城市中心

续表

分工的历史阶段及特征		投入—生产—流通—消费	城市中心			
			功能	区位	空间形态与建筑类型	商品(服务)交易类型
(3)服务经济崛起及灵活的生产组织方式： 灵活生产 (20世纪七八十年代后)	•生产逐渐分散化、生产规模相比福特制缩小了，生产组织具有更大的弹性以应对市场需求的变化，并以低成本向市场供应不同数量的多样化产品； •生产的分散化增加了对生产服务的需求，需要购买生产服务； •生产服务业本身也发生着日益加深的垂直分工和水平分工，如广泛出现的各种金融外包、软件外包现象	•信息技术的应用加强了对供应、生产、流通的控制，创造了新的商品(交易)方式； •生产服务业的生产和交易空间爆炸式地出现在城市中心； •部分生产服务业通过建立网点生产和交易	•商品交易地； •生产服务企业的集聚地	•原有的中央商务区依然保持战略地位，但发生着深刻的重组； •向大都市地区延伸，这个过程深植于传统的交通基础设施，如高速城际列车、地铁、连接机场的高速公路； •中心正在电子化(虚拟)空间里组成	•一种新的中心功能分工体系出现； •新型办公空间的出现(如下城健身俱乐部，摩天大楼成为华尔街白领们的运动场)	•生活资料：多样化、多品种、个性化的消费品。商品销售受到网上购物的冲击。 •生产资料：对生产服务的消费需求大量增加

主要参考文献

·中文文献·

阿尔弗雷德·韦伯.1997.工业区位论[M]. 李刚剑，等，译.北京:商务印书馆.

阿莫德·波尔弗，利夫·埃德文森.2007.国家、地区和城市的知识资本[M]. 于鸿君，石杰，校译.北京:北京大学出版社.

埃里克·谢泼德，特雷弗·巴恩斯.2009.经济地理学指南[M].汤茂林，谈静华，李江涛，等.译.北京:商务印书馆.

爱德华·苏贾.2004.后现代地理学——重申批判社会理论中的空间[M].王文斌，译.北京:商务印书馆.

爱德华·苏贾.2006.后大都市:城市和区域的批判性研究[M]. 李钧，等，译.上海:上海教育出版社.

安迪·派克，安德烈·罗德里格斯—珀斯，约翰·托梅尼.2011.地方和区域发展[M]. 王学峰，等，译.上海:格致出版社.

奥古斯特·勒施.2010.经济空间秩序[M]. 王守礼，译.北京:商务印书馆.

白光润.2009.应用区位论[M].北京:科学出版社.

保田芳昭，加藤义忠.2009.日本现代流通论[M]. 江虹，译.上海:上海大学出版社.

贝里，帕尔.2006.商业中心与零售业布局[M]. 王德，等，译.上海:同济大学出版社.

彼得·迪肯.2007.全球性转变:重塑21世纪的全球经济地图[M]. 刘卫东，等，译.北京:商务印书馆.

彼得·霍尔，凯西·佩恩.2010.多中心大都市:来自欧洲巨型城市区域的经验[M].罗震东，等，译.北京:中国建筑工业出版社.

毕秀晶，汪明峰，李健，等.2011.上海大都市区软件产业空间集聚与郊区化[J].地理学报，66(12):1682-1694.

蔡彬彬，郭熙保.2005.金融分工:一种新的金融发展分析框架[J].经济科学，(4):85-98.

陈建军，陈国亮.2009.集聚视角下的服务业发展与区位选择:一个最新研究综述[J].浙江大学学报(人文社会科学报)，39(15):129-137.

陈建军.2009.要素流动、产业转移和区域经济一体化[M].杭州:浙江大学出版社.

陈剑峰.2008.长江三角洲区域经济发展史研究[M].北京:中国社会科学出版社.

陈前虎.2005.分工演进与制度变迁——一个城市化理论框架及其应用分析[D]:[博士学位论文].上海:同济大学.

陈伟新.2003.国内大中城市中央商务区近今发展实证研究[J].规划研究，27(12):18-23.

陈文鸿.2009.全球化进程中的世界城市网络——“珠三角”都会区的概念与发展[J].经济前沿，(1):13-35.

陈宪，程大中.2011.国际服务贸易[M].2版.上海:立信会计出版社.

陈瑛.2005.城市CBD与CBD系统[M].北京:科学出版社.

陈月英，王永兴.2011.世界海运经济地理[M].北京:科学出版社.

承载.1999.上海通史(第13卷):当代社会[M].上海:上海人民出版社.

达尔·尼夫. 1998. 知识经济[M]. 樊春良,冷民, 等,译. 珠海:珠海出版社.
大卫·哈维. 2003. 后现代的状况——对文化变迁之缘起的探究[M]. 阎嘉,译. 北京:商务印书馆.
大卫·哈维. 2010. 巴黎城记——现代性之都的诞生[M]. 黄煜文, 译. 桂林:广西师范大学出版社.
道格拉斯·诺思. 2009. 经济史上的结构和变革[M]. 厉以平, 译. 北京:商务印书馆.
丁成日,宋彦,等. 2009. 城市规划与市场机制[M]. 北京:中国建筑工业出版社.
丁日初. 1997. 上海近代经济史(第二卷):1895—1927 年[M]. 上海:上海人民出版社.
段进. 1999. 城市空间发展论[M]. 南京:江苏科学技术出版社.
多琳·马西. 2010. 劳动的空间分工:社会结构与生产地理学[M]. 梁光严, 译. 北京:北京师范大学出版社.
法伊兹·加卢. 2012. 知识密集型商务服务业:加工知识与生产创新[M]//让·盖雷,法伊兹·加卢. 服务业的生产率、创新与知识. 李辉,王朝阳,姜爱华,译. 上海:格致出版社.
方星海. 2009. 上海金融发展报告(2009)[M]. 上海:上海人民出版社.
方远平. 2004. 大都市服务业区位理论与实证研究[D]:[博士学位论文]. 广州:中山大学.
付磊. 2012. 转型中的大都市空间结构及其演化——上海城市空间结构演变的研究[M]. 北京:中国建筑工业出版社.
高登·克拉克,马瑞兰·费尔德曼,默瑞克·格特勒. 2005. 牛津经济地理学手册[M]. 刘卫东,等,译. 北京:商务印书馆.
格鲁伯,沃克. 1993. 服务业的增长:原因与影响[M]. 陈彪如,译. 上海:上海三联书店.
根特城市研究小组. 2005. 城市状态:当代大都市的空间、社区和本质[M]. 敬东, 译. 北京:中国水利水电出版社.
耿慧志. 1998. 城市中心区更新的研究[D]:[博士学位论文]. 上海:同济大学.
龚仰军. 2007. 上海工业发展报告:生产力的空间布局与工业园区建设[M]. 上海:上海财经大学出版社.
顾朝林. 2011. 转型发展与未来城市的思考[J]. 城市规划, 35(11):23-34.
郭鸿懋,江曼琦,等. 2002. 城市空间经济学[M]. 北京:经济科学出版社.
贺灿飞,等. 2012. 经济转型与服务业跨国公司区位战略[M]. 北京:科学出版社.
花桥金融外包研究中心. 2009. 中国金融业服务外包报告[M]. 北京:中信出版社.
黄亚平. 2002. 城市空间理论与空间分析[M]. 南京:东南大学出版社.
江曼琦. 2001. 城市空间结构优化的经济分析[M]. 北京:人民出版社.
杰里米·里夫金. 2012. 第三次工业革命:新经济模式如何改变世界[M]. 张体伟,孙豫宁,译. 北京:中信出版社.
卡尔·沃伦,詹姆斯·里夫,菲利普·费斯. 2008. 会计学 [M]. 21 版. 杜兴强,郭剑花,雷宇,译. 北京:中国人民大学出版社.
克里斯托弗·瓦伊尼. 2008. 金融机构、金融工具和金融市场[M]. 陈未,曾刚,卢爽,译. 北京:中国人民大学出版社.
克瑞斯提诺·安东内利. 2006. 创新经济学:新技术与结构变迁[M]. 刘刚,等,译. 北京:高等教育出版社.
李富洋. 2009. 跨国公司地区总部区位选择研究——以上海市跨国公司为研究对象[D]:[硕士学位论文]. 上海:同济大学.

李蕾蕾，张晓东，胡灵玲. 2005. 城市广告业集群分布模式——以深圳为例[J]. 地理学报，60(2)：257-265.
李沛. 1999. 当代全球性城市中央商务区(CBD)规划理论初探[M]. 北京：中国建筑工业出版社.
李少星，顾朝林. 2011. 全球化与国家城市区域空间重构[M]. 南京：东南大学出版社.
李双金，徐琳. 2012. 上海民营企业发展瓶颈与发展环境研究[M]//沈开艳. 上海经济发展报告(2012)：增长动力与产业发展转型. 北京：社会科学文献出版社.
李小钢. 2002. 开放条件下的上海咨询业发展研究[J]. 社会科学，(2)：16-19.
廉军伟，曾刚. 2006. 嵌入全球价值链的上海物流业发展[J]. 工业技术经济，25(11)：37-42.
梁江，孙晖. 2007. 模式与动因：中国城市中心区的形态演变[M]. 北京：中国建筑工业出版社.
梁琦. 2004. 产业集聚论[M]. 北京：商务印书馆.
梁琦. 2009. 分工、集聚与增长[M]. 北京：商务印书馆.
廖远甦，朱平芳. 2012. 上海从业人员人力资本估计(1978—2010)[J]. 上海经济研究，(12)：23-31.
林兰. 2010. 上海浦东新区国际航运中心核心功能区建设比较研究[J]. 上海经济研究，(3)：84-93.
林善浪，张惠萍. 2011. 通达性、区位选择与信息服务业集聚——以上海为例[J]. 财贸经济，(5)：106-144.
刘贵富. 2006. 产业链基本理论研究[D]：[博士学位论文]. 吉林：吉林大学.
刘巽良. 2011. 航运中心建设纵横谈[M]. 上海：上海人民出版社.
刘易斯·芒福德. 2005. 城市发展史——起源、演变和前景[M]. 宋俊岭，倪文彦，译. 北京：中国建筑工业出版社.
卢锋. 2007. 服务外包的经济学分析：产品内分工视角[M]. 北京：北京大学出版社.
吕鹰飞. 2012. 我国金融业投入产出关联及效率分析[D]：[博士学位论文]. 吉林：吉林大学.
罗伯特·福格尔森. 2010. 下城：1880—1950 年间的兴衰[M]. 周尚意，志丞，吴莉萍，译. 上海：上海人民出版社.
罗伯特·肯尼迪，艾杰·夏尔马. 2012. 服务大转移：抓住离岸外包的最后机遇[M]. 丰祖军，雷伟艳，译. 北京：清华大学出版社.
罗震东，何鹤鸣，耿磊. 2011. 基于客运交通流的长江三角洲功能多中心结构研究[J]. 城市规划学刊，(2)：16-23.
骆悰. 2008. 上海市现代服务业规划研究[R]. 上海：上海市城市规划设计研究院.
马克思. 2009. 资本论[M]. 郭大力，王亚南，译. 上海：上海三联书店.
马克斯·韦伯. 2006. 经济通史[M]. 姚曾廙，译. 上海：上海三联书店.
马莉莉. 2011. 香港之路：产品内分工视角下的世界城市发展[M]. 北京：人民出版社.
马学广，李贵才. 2012. 西方城市网络研究进展和应用实践[J]. 国际城市规划，27(4)：65-70.
曼纽尔·卡斯特. 2006. 网络社会的崛起[M]. 夏铸九，王志弘，等，译. 北京：社会科学文献出版社.
宁越敏，黄胜利. 2005. 上海市区商业中心的等级体系及其变迁特征[J]. 地域研究与开发，(2)：15-19.
宁越敏，石崧. 2011. 从劳动空间分工到大都市区空间组织[M]. 北京：科学出版社.
宁越敏. 2000. 上海市区生产服务业及办公楼区位研究[J]. 城市规划，24(8)：9-12.
潘卡吉·盖马沃特. 2012. 下一波世界趋势[M]. 王虎，译. 北京：中信出版社.

彭坤焘. 2013. 大都市区产业空间动态演化的解释——理论演绎和经验研究[D]:[博士学位论文]. 上海:同济大学.

皮埃尔-菲利普·库姆斯,蒂里·迈耶,雅克-弗朗索瓦·蒂斯. 2011. 经济地理学[M]. 安虎森,等,译. 北京:中国人民大学出版社.

皮姆·登赫脱希. 2012. 创新的共同缔造者:论创新中的知识密集型商务服务业[M]//让·盖雷,法伊兹·加卢. 服务业的生产率、创新与知识. 李辉,王朝阳,姜爱华,译. 上海:格致出版社.

钱瑛瑛,戚丽琼,李姚. 2007. 城市"新白领"住房问题研究[J]. 中国房地产,(9):60-62.

青木昌彦,安藤晴彦. 2003. 模块时代:新产业结构的本质[M]. 周国荣,译. 上海:上海远东出版社.

邱灵. 2011. 北京市生产性服务业空间集聚机理与演变格局研究[D]:[博士学位论文]. 北京:中国科学院.

让·盖雷,法伊兹·加卢. 2012. 服务业的生产率、创新与知识:新经济与社会经济方法[M]. 李辉,王朝阳,姜爱华,译. 上海:格致出版社.

让·盖雷. 2012. 生产率概念在服务业中的误用:法国和美国的比较[M]//让·盖雷,法伊兹·加卢. 服务业的生产率、创新与知识. 李辉,王朝阳,姜爱华,译. 上海:格致出版社.

让-克洛德·德劳内,让·盖雷. 2011. 服务经济思想史:三个世纪的争论[M]. 江小娟,译. 上海:上海人民出版社.

任远,陈向明,迪特尔·拉普尔(Dieter Lapple). 2009. 全球城市—区域的时代[M]. 上海:复旦大学出版社.

瑞斯托·蒙拉詹南. 2001. 金融地理学:金融家的视角[M]. 孟晓晨,等,译. 北京:商务印书馆.

《上海城市规划志》编纂委员会. 1999. 上海城市规划志[M]. 上海:上海社会科学院出版社.

上海国际航运研究中心. 2011. 上海国际航运中心的实践和探索[M]. 上海:上海财经大学出版社.

《上海金融年鉴》编辑部. 2002. 上海金融年鉴(2001)[M]. 上海:上海人民出版社.

《上海金融年鉴》编辑部. 2003. 上海金融年鉴(2002)[M]. 上海:上海人民出版社.

《上海金融年鉴》编辑部. 2003. 上海金融年鉴(2003)[M]. 上海:上海人民出版社.

《上海金融年鉴》编辑部. 2004. 上海金融年鉴(2004)[M]. 上海:上海人民出版社.

《上海金融年鉴》编辑部. 2005. 上海金融年鉴(2005)[M]. 上海:上海人民出版社.

《上海金融年鉴》编辑部. 2006. 上海金融年鉴(2006)[M]. 上海:上海人民出版社.

《上海金融年鉴》编辑部. 2007. 上海金融年鉴(2007)[M]. 上海:上海人民出版社.

《上海金融年鉴》编辑部. 2008. 上海金融年鉴(2008)[M]. 上海:上海人民出版社.

《上海金融年鉴》编辑部. 2009. 上海金融年鉴(2009)[M]. 上海:上海人民出版社.

上海金融学院国际金融研究院. 2009. 升华金融——上海国际金融中心建设热点问题探析[M]. 上海:上海财经大学出版社.

上海社会科学院《上海经济》编辑部. 1984. 上海经济(1949—1982)[M]. 上海:上海社会科学院出版社.

上海市城市规划设计研究院. 2010. 上海市工业用地布局规划[Z]. 上海.

上海市黄浦区志编纂委员会. 1996. 黄浦区志[M]. 上海:上海社会科学院出版社.

上海市经济和信息化委员会. 2012. 2012 上海产业和信息化发展报告:经济和信息化系统协会[M]. 上海:上海科学技术文献出版社.

上海市经济和信息化委员会. 2012. 2012 上海产业和信息化发展报告:生产性服务业[M]. 上海:

上海科学技术文献出版社.
上海市南市区志编纂委员会. 1997. 南市区志[M]. 上海：上海社会科学院出版社.
上海市商务委员会. 2010. 2010 上海商务发展研究报告[M]. 上海：上海科学技术文献出版社.
上海市商务委员会. 2010. 2010 上海总部经济及商务布局发展报告[M]. 上海：上海科学技术文献出版社.
上海市商务委员会. 2011. 2011 上海服务贸易发展报告[M]. 上海：上海三联书店.
上海市商务委员会. 2011. 2011 上海商务发展研究报告[M]. 上海：上海科学技术文献出版社.
上海市商务委员会. 2012. 2012 上海商务发展十二五规划及研究报告[M]. 上海：上海科学技术文献出版社.
上海市统计局. 1990. 上海统计年鉴(1990)[M]. 北京：中国统计出版社.
上海市统计局. 1991. 上海统计年鉴(1991)[M]. 北京：中国统计出版社.
上海市统计局. 1992. 上海统计年鉴(1992)[M]. 北京：中国统计出版社.
上海市统计局. 1993. 上海统计年鉴(1993)[M]. 北京：中国统计出版社.
上海市统计局. 1994. 上海统计年鉴(1994)[M]. 北京：中国统计出版社.
上海市统计局. 1995. 上海统计年鉴(1995)[M]. 北京：中国统计出版社.
上海市统计局. 1996. 上海统计年鉴(1996)[M]. 北京：中国统计出版社.
上海市统计局. 1997. 上海统计年鉴(1997)[M]. 北京：中国统计出版社.
上海市统计局. 1998. 上海统计年鉴(1998)[M]. 北京：中国统计出版社.
上海市统计局. 1999. 上海统计年鉴(1999)[M]. 北京：中国统计出版社.
上海市统计局. 2000. 上海统计年鉴(2000)[M]. 北京：中国统计出版社.
上海市统计局. 2001. 上海统计年鉴(2001)[M]. 北京：中国统计出版社.
上海市统计局. 2002. 上海统计年鉴(2002)[M]. 北京：中国统计出版社.
上海市统计局. 2003. 上海统计年鉴(2003)[M]. 北京：中国统计出版社.
上海市统计局. 2004. 上海统计年鉴(2004)[M]. 北京：中国统计出版社.
上海市统计局. 2005. 上海统计年鉴(2005)[M]. 北京：中国统计出版社.
上海市统计局. 2006. 上海统计年鉴(2006)[M]. 北京：中国统计出版社.
上海市统计局. 2007. 上海统计年鉴(2007)[M]. 北京：中国统计出版社.
上海市统计局. 2008. 上海统计年鉴(2008)[M]. 北京：中国统计出版社.
上海市统计局. 2009. 上海统计年鉴(2009)[M]. 北京：中国统计出版社.
上海市统计局. 2010. 上海统计年鉴(2010)[M]. 北京：中国统计出版社.
上海市统计局. 2011. 上海统计年鉴(2011)[M]. 北京：中国统计出版社.
尚于力，申玉铭，邱灵. 2008. 我国生产性服务业的界定及其行业分类初探[J]. 首都师范大学学报(自然科学版)，29(3)：87-94.
沈开艳. 2012. 2012：增长动力和产业发展转型[M]//沈开艳. 上海经济发展报告(2012)：增长动力与产业发展转型. 北京：社会科学文献出版社.
沈玉良，等. 2009. 上海国际贸易中心建设研究[M]. 上海：上海人民出版社.
盛洪. 2006. 分工与交易——一个一般理论及其对中国非专业化问题的应用分析[M]. 2 版. 上海：上海三联书店.
史建三，朱国泓，朱国华. 2010. 上海律师业发展战略研究：以契合中国的上海发展战略为主要视角[M]. 上海：法律出版社.
丝奇雅·沙森. 2005. 全球城市：纽约·伦敦·东京[M]. 周振华，等，译. 上海：上海社会科学院出版社.
孙斌栋,涂婷,石巍,等. 2013. 特大城市多中心空间结构的交通绩效检验——上海案例研究[J]. 城市规划学刊,(2):63-70.
孙施文. 2006. 城市中心与城市公共空间——上海浦东陆家嘴地区建设的规划评论[J]. 城市规划,(8):66-74.
孙铁山,王兰兰,李国平. 2013. 北京都市区多中心空间结构特征与形成机制[J]. 城市规划,37(7):28-32.
汤宇卿. 2007. 城市流通空间的发展趋势与规划布局研究[M]. 上海:同济大学出版社.
唐子来,赵渺希. 2010. 经济全球化视角下长三角区域的城市体系演化:关联网络和价值区段的分析方法[J]. 城市规划学刊,(1):29-34.
陶纪明,刘学华. 2012. 上海生产性服务业的创新模式与发展环境研究[M]//沈开艳. 上海经济发展报告(2012):增长动力与产业发展转型. 北京:社会科学文献出版社.
陶纪明. 2008. 上海生产者服务业空间集聚研究[D]:[博士学位论文]. 上海:上海社会科学院.
田村正纪. 2007. 流通原理[M]. 吴小丁,王丽,译. 北京:机械工业出版社.
田杰棠. 2011. 我国云计算产业发展趋势及政策建议[J]. 经济纵横,(8):31-35.
汪丁丁. 1997. 知识沿时间和空间的互补性以及相关的经济学[J]. 经济研究,(6):70-77.
汪珉. 2006. 回眸 2005 上海咨询业[J]. 上海经济,(1):88-90.
王朝晖,李秋实. 2002. 现代国外城市中心商务区研究与规划[M]. 北京:中国建筑工业出版社.
王灏,曾刚. 2008. 集群创新网络与上海张江高科技园区软件业的发展[J]. 地域研究与开发,27(4):9-14.
王辉. 2010. 物流学[M]. 北京:中国铁道出版社.
王凯,徐辉. 2012. 建设国家中心城市的意义和布局思考[J]. 城市规划学刊,(3):10-15.
王盛. 2005. 分工、协调和产业组织形式演化——基于技术和市场的组织适应性研究[D]:[博士学位论文]. 上海:复旦大学.
王松奇. 2013. 中国商业银行竞争力报告(2011—2012)[M]. 北京:社会科学文献出版社.
王同旦. 2009. 五座老卫星城与两座财富之山——上海卫星城建设故事[J]. 上海城市规划,(3):13-15.
王兴平. 2005. 中国城市新产业空间——发展机制与空间组织[M]. 北京:科学出版社.
王颖,孙斌栋,乔森,等. 2012. 中国特大城市的多中心空间战略——以上海市为例[J]. 城市规划学刊,(2):17-23.
王云帆. 2008. 长三角大悬念[M]. 杭州:浙江人民出版社.
韦亚平,赵民. 2006. 都市区空间结构与绩效——多中心网络结构的解释与应用分析[J]. 城市规划,(4):9-16.
韦亚平. 2005. 大都市地区空间结构演化的经济解释——及"珠三角的经验验证"[D]:[博士学位论文]. 上海:同济大学.
魏江,胡胜蓉. 2007. 知识密集型服务业创新范式[M]. 北京:科学出版社.
沃尔特·克里斯塔勒. 2010. 德国南部中心地原理[M]. 常正文,王兴中,等,译. 北京:商务印书馆.
吴建融. 2009. 见证:上海金融改革 30 年(1978—2008)[M]. 上海:上海远东出版社.
吴明伟,孔令龙,陈联. 1999. 城市中心区规划[M]. 南京:东南大学出版社.
吴晓灵. 2008. 中国金融体制改革 30 年回顾与展望[M]. 北京:人民出版社.

伍瑞凡. 2003. 金融学[M]. 北京:科学出版社.
项俊波. 2006. 发展金融衍生品市场,促进国际金融中心建设[J]. 中国货币市场,(11):6-9.
肖沂. 2008. 金融市场与金融机构[M]. 天津:南开大学出版社.
谢富胜. 2005. 分工、技术与生产组织变迁:资本主义生产组织演变的马克思主义经济学阐释[M]. 北京:经济科学出版社.
熊月之,周武,尔冬强. 2007. 上海:一座现代化都市的编年史[M]. 上海:上海书店出版社.
徐新吾,黄汉民. 1998. 上海近代工业史[M]. 上海:上海社会科学院出版社.
薛白. 2008. 基于要素配置的工业化阶段划分理论研究[D]:[硕士学位论文]. 广州:暨南大学.
杨保军,王富海. 2007. 城市中心区规划与建设[J]. 城市规划,31(12):51-58.
杨公什,夏大慰. 2003. 上海工业发展报告:工业产业结构调整、优化、升级[M]. 上海:上海财经大学出版社.
杨建文,潘正彦. 2012. 上海金融发展报告(2012)[M]. 上海:上海社会科学院出版社.
杨俊宴,章飙,史宜. 2012. 城市中心体系发展的理论框架探索[J]. 城市规划学刊,(1):33-40.
杨重光. 1988. 城市流通中心论[M]. 北京:中国财政经济出版社.
叶德磊. 2010. 产业空间集聚与人力资本定价来自基金业的证据[J]. 上海经济研究,(2):36-42.
叶明. 1999. CBD的功能、结构与形态研究[D]:[博士学位论文]. 上海:同济大学.
佚名. 2011. 伦敦空间发展战略[EB/OL]. (2011-11-02). http://www.london.gov.uk/thelondonplan.
俞天白. 2009. 海派金融[M]. 上海:文汇出版社.
袁恩桢,孙海鸣. 2008. 上海30年:改革开放与经济发展[M]. 上海:上海财经大学出版社.
原毅军. 2009. 软件服务外包与软件企业成长[M]. 北京:科学出版社.
约瑟夫·派恩. 2000. 大规模定制:企业竞争的新前沿[M]. 操云甫,等,译. 北京:中国人民大学出版社.
臧新. 2011. 产业集聚的行业特性研究:基于中国行业的实证分析[M]. 北京:经济科学出版社.
张惠萍. 2012. 信息服务业区位选择与集聚[M]. 北京:人民出版社.
张俊杰,《上海商业(1949—1989)》编辑部. 1992. 上海商业(1949—1989)[M]. 上海:上海科学技术文献出版社.
张庭伟,王兰. 2011. 从CBD到CAZ:城市多元经济发展的空间需求与规划[M]. 北京:中国建筑工业出版社.
张晓春. 2004. 文化适应与中心转移——上海近现代文化竞争与空间变迁的都市人类学分析[D]:[博士学位论文]. 上海:同济大学.
张仲礼. 1990. 近代上海城市研究[M]. 上海:上海人民出版社.
张仲礼. 1998. 中国近代城市企业·社会·空间[M]. 上海:上海社会科学院出版社.
赵弘,牛艳华. 2010. 商务服务业空间分布特点及重点集聚区建设——基于北京的研究[J]. 北京工商大学学报(社会科学版),25(2):97-102.
赵渺希. 2010. 经济全球化进程中长三角区域的城市体系演化[D]:[博士学位论文]. 上海:同济大学.
赵群毅,周一星. 2007. 北京都市区生产者服务业的空间结构——兼与西方主流观点的比较[J]. 城市规划,31(5):24-31.
赵群毅. 2006. 北京市生产者服务业空间结构研究[D]:[博士学位论文]. 北京:北京大学.
《中国城市发展报告》编委会. 2013. 中国城市发展报告(2012)[M]. 北京:中国城市出版社.

周振华，熊月之，张广生，等. 2010. 上海：城市嬗变及展望(上卷)：工商城市的上海(1949—1978)[M]. 上海：格致出版社.
周振华，熊月之，张广生，等. 2010. 上海：城市嬗变及展望(中卷)：中心城市的上海(1979—2009)[M]. 上海：格致出版社.
周振华. 2009. 城市转型与服务经济发展[M]. 上海：格致出版社.
周振华. 2012. 上海迈向全球城市：战略与行动[M]. 上海：上海人民出版社.
朱国栋，王国章. 1999. 上海商业史[M]. 上海：上海财经大学出版社.
朱金海. 1999. 上海通史(第 12 卷)：当代经济[M]. 上海：上海人民出版社.
朱熹刚. 2002. 城市空间集中与分散论[M]. 北京：中国建筑工业出版社.
庄林德，张京祥. 2002. 中国城市发展与建设史[M]. 南京：东南大学出版社.

·英文文献·

Amador J, Cabral S. 2008. International Fragmentation of Production in the Portuguese Economy: What do Different Measures Tell Us[Z]. Banco de Portugal Working Paper.
Anderson N B, Bogart W T. 2001. The structure of sprawl: Identifying and characterizing employment centers in polycentric metropolitan area[J]. American Journal of Economics and Sociology, 60(1):147-169.
Antonelli C. 2002. The Economics of Innovation: New Technologies and Structural Change[M]. New York: Routledge.
Audretsch D B, Feldman M P. 2015. R&D spillovers and the geography of innovation and production [J]. The American Economic Review, 86(3):630-640.
Bain J S. 1956. Barriers to New Competition: Their Character and Consequences in Manufacturing Industries[M]. Cambridge, MA: Harvard University Press.
Baker W. 1992. The network organizations in theory and practice[M]// Nogria N, Eccles R. Network and Organizations. Boston, MA: Harvard Business Press.
Barras R. 1986. New technologies and the new services[J]. Futures, (20):748-786.
Barras R. 1990. Interactive innovation in financial and business services: The vanguard of the service revolution [J]. Research Policy, 19:215-237.
Barras R. 1990. Interactive innovation in financial and business services: The vanguard of the service revolution [J]. Research Policy, 19(3):215-237.
Batten D F. 1995. Network cities: Creative urban agglomerations for the 21st century[J]. Urban Studies, 32(2):313-327.
Beaverstock J V, Hoyler M, Pain K, et al. 2003. London and Frankfurt: Competition or synergy [M]//Shearlock P. International Investor. London: Sovereign Publication: 225-229.
Beaverstock J V, Hoyler M, Pain K, et al. 2005. Demystifying the Euro in European financial centre relations: London and Frankfurt, 2000-2001[J]. Journal of Contemporary European Studies, (13):143-157.
Beaverstock J V, Hoyler M, Pain K, et al. 2001. Comparing London and Frankfurt as World Cities: A Relational Study of Contemporary Urban Change [R]. London: Anglo-German Foundation for the Study of Industrial Society.
Beaverstock J V, Smith R G, Taylor P J. 1999. A roster of world cities [J]. Cities, 16(6):445-458.

Berry B J L, Parr J B. 1998. Market Centers and Retail Location: Theory and Applications[M]. Upper Saddel River, NJ: Prentice Hall.

Bertaud A. 2004. The Spatial Organization of Cities : Deliberate Outcome or Unforeseen Consequence[R]. Berkeley : Institute of Urban and Regional Development in University of California.

Bounfour A E. 2007. Intellectual Capital for Communities: Nations, Regions and Cities[M]. Singapore: Elsevier (Singapore)Pte Ltd..

Burger M, Meijers E J. 2012. Form follows function? Linking morphological and functional polycentricity [J]. Urban Studies, 49(5):1127-1149.

Camagni R, Capello R. 2004. The city network paradigm: Theory and empirical evidence[M]// Capello R, Nijkamp P. Urban Dynamics and Growth: Advances in Urban Economics. Amsterdam: Elsevier.

Camagni R, Diappi L, Stabilini S. 1994. City Networks in the Lombardy Region: An Analysis in Terms of Communication Flows [Z]. FLUX.

Camagni R, Salone C. 1993. Network urban structures in Northern Italy: Elements for a theoretical framework[J]. Urban Studies, 30(6):1053-1064.

Carl S W, Reeve J M, Fess P E. 2006. Accounting[M]. Stamford: Cengage Learning.

Castells M. 2000. The Rise of the Network Society[M]. Malden: Wiley Blackwell.

Christaller W. 1993. Die Zentralen Orte in Süddeutschland [M]. Darmstadt: Wissenschaftliche Buchgesellschaft.

Clark G L, Feldman M P, Gertler M S. 2003. The Oxford Handbook of Economic Geography[M]. Oxford: Oxford University Press.

Claude J D, Gadrey J. 1992. Services in Econo mic Thought Three Centuries of Debate[Z]. Softcover Reprint of the Original.

Coffey W J, Bailly A S. 1991. Producer services and flexible production: An exploratory analysis [J]. Growth and Change, 22:95-117.

Combes P P, Mayer T, Thisse J F. 2008. Economic Geography: The Integration of Regions and Nations[M]. Princeton, NJ: Princeton University Press.

Davoudi S. 2003. Polycentricity in European spatial planning: From an analytical tool to a normative agenda[J]. European Planning Studies, 11(8):326-335.

Dicken P. 2003. Global Shift—Reshaping the Global Economic Map in the 21st Century [M]. 4th ed. London: Sage Publications.

Dunning J H. 1971. The Multinational Enterprise[M]. Sydney: Allen and Unwin.

Evangelista R. 2000. Sectoral patterns of technological change in services[J]. Economics of Innovation and New Technology, 9: 183-221.

Fallick B, Fleischman A C, Rebitzer B J. 2006. Job hopping in Silicon Valley: Some evidence concerning the micro-foundations of a high technology cluster[J]. The Review of Economics and Statistics, 88(3):472-481.

Fogelson R M. 2001. Downtown: Its Rise and Fall, 1880-1950[M]. New Haven: Yale University Press.

Forstall R L, Greene R P. 2013. Defining job concentrations: The Los Angeles case [J]. Urban

Geography, 18(8): 705-739.
Friedman J R. 1966. Regional Development Policy: A Case Study of Venezuela [M]. Cambridge: MIT Press.
Fujita M, Krugman P, Venables A. 1999. The Spatial Economy : Cities, Regions, and International Trade[M]. Cambridge: MIT Press.
Gadrey J, Gallouj F. 2002. Productivity, Innovation and Knowledge in Services: New Economic and Socio-Economic Approaches[M]. Cheltenham: Edward Elgar Publishing.
Gallouj F, Weistein O. 1997. Innovation in services[J]. Research Policy, 26: 537-556.
Gaschet F. 2002. The new intra-urban dynamics: Suburbanisation and functional specialisation in French cities[J]. Regional Science, 81(1): 63-81.
Genevieve G, Small K A. 1991. Subcenters in the Los Angeles region[J]. Regional Science and Urban Economics, 21(2): 163-182.
Gereffi G, Korzeniewicz M. 1994. Commodity Chains and Global Capitalism[M]. London: Praeger.
Ghemawat P. 2011. Global Prosperity and How to Achieve It[M]. Boston, MA: Harvard Business Press.
Ghent Urban Studies Team. 1999. The Urban Condition: Space, Community, and Self in the Contemporary Metropolis[M]. Rotterdam: 010 Publishers.
Giuliano G, Small K A. 1991. Subcenters in the Los Angeles region [J]. Regional Science and Urban Economics, (21): 163-182.
Giuliano G, Small K A. 1999. The determinants of growth of employment subcenters [J]. Journal of Transport Geography, (7): 189-201.
Goe W R. 1996. An examination of the relationship between corporate spatial organization, restructuring, and external contracting of producer services within a metropolitan region[J]. Urban affairs Review, 23: 112-121.
Grubel H G, Walker M A. 1989. Service Industry Growth[Z]. Fraser Institute.
Guillain R, Gallo L J, Boiteux-Orain C. 2006. Changes in spatial and sectoral patterns of employment in te-de-France, 1978-1997[J]. Urban Studies, 43(11): 2075-2098.
Hall P, Pain K. 2006. The Polycentric Metropolis: Learning from Mega-City Regions in Europe [M]. UK; USA: Earthscan.
Hall P. 1999. The future of the cities[J]. Computers Environment & Urban Systems, 23(3): 173-185.
Harvey D. 1989. The Condition of Postmodernity: An Enquiry into the Origins of Cultural Change [M]. Malden: Wiley Blackwell.
Harvey D. 2003. Paris, Capital of Modernity[M]. New York: Routledge.
Hermelin B. 2009. Producer service firms in globalising cities: The example of advertising firms in Stockholm[J]. The Service Industries Journal, 29(4): 457-471.
Isaksen A. 2004. Knowledge-based clusters and urban location: The cluster of software consultancy in Oslo[J]. Urban Studies, 31(12): 172-182.
Kennedy R E, Sharma A. 2009. The Services Shift[M]. New York: Pearson Education.
Krugman P. 1999. Geography and Trade[M]. Cambridge: MIT Press.
Lambregt B, Werff M V, Kloosterman R. 2005. POLYNET Action 1. 2&2. 1: Quantitative

Analysis of Service Business Connections: The Randstad[R]. London: Institute of Community Studies/The Young Foundation & Polynet Partners.

Lambregts B, Zooneveld W. 2004. From Randstad to Deltametropolis: Changing attitudes towards the scattered metropolis[J]. European Planning Studies,12(3):299-321.

Laulajainen R. 1998. Fiancial Geography: A Banker's View[M]. New York: Routledge.

Losch A. 1959. The Economics of Location[M]. New Haven: Yale University Press.

Marx K. 1890. Das Kapital,Kritik der Politischen Oekonomie[M]. Charleston,SC:Nabu Press.

Massey D. 1984. Spatial Divisions of Labour[M]. London: Palgrave Macmillan.

McDonald J F, Prather P. 1994. Surburban employment centres: The case of Chicago[J]. Urban Studies,31(2):201.

Meijers E J, Burger M J. 2010. Spatial structure and productivity in US metropolitan areas[J]. Environment and Planning A, 42(6):1383-1402.

Meijers E J. 2007. Synergy in Polycentric Urban Regions [M]. Amsterdam: IOS Press.

Miles I. 1994. Innovation in services[M]//Dodgson M, Rothwell R. The Handbook of Industrial Innovation. Cheltenham: Edward Elgar Publishing.

Miles I. 1995. Knowledge-Intensive Business Services—Users, Carriers and Sources of Innovation [M]. [S. l.]: European Innovation Monitoring System Publication.

Miles R E, Snow C C. 1992. Causes of failure in network organizations[J]. California Management Review,34(4):53-72.

Miozzo M, Soete L. 1999. Internationalisation of Services: A Technological Perspective [R]. Austin, USA: 3rd International Conference on Technology Policy and Innovation 30 August—2 September.

Mumford L. 1961. The City in History[M]. New York:Harcourt INC.

Neef D. 1998. The Knowledge Economy[M]. UK:Butterworth-Heinemann.

Nick G. 2007. Functional polycentricity: A formal definition in terms of social network analysis [J]. Urban Studies,44(11): 2077-2103.

North D C. 1981. Structure and Change in Economic History[M]. New York: W. W. Norton & Company.

O'Huallachain B, Reid N. 1991. The location and growth of business and professional services in American metropolitan areas, 1976-1986 [J]. Annals of the Association of American Geographers,81(2):254-270.

Pike A, Rodriguez-Pose A,Tomaney J. 2006. Local and Regional Development[M]. New York: Routledge.

Pine B J. 1993. Mass Customization:The New Frontier in Business Competition[M]. Cambridge, MA:Harvard Business Press.

Rifkin J. 2011. The Third Industrial Revolution: How Lateral Power Is Transforming Energy, the Economy, and the World[M]. London:Palgrave Macmillan.

Robert C,Kloosterman, Lambregts Bart. 2001. Clustering of economic activities in polycentric urban regions: The case of the Randstad [J]. Urban Studies, 38(4): 717-732.

Sabourin P D. 1998. The Intra-Metropolitan Location of Producer Services—A Case Study of the Advertising Industry in the Twin Cities [D]. Minnesota:University of Minnesota.

Sassen S. 2001. The Global City: New York, London, Tokyo [M]. Princeton,NJ: Princeton University Press.

Sayer A. 1982. Explanation in economic geography: Abstraction versus generalization [J]. Progress in Human Geography, 6(1):68-88.

Scott A J. 1988. New Industrial Spaces: Flexible Production Organization and Regional Development in North America and Western Europe[M]. London: Pion.

Scott A J. 1998. Regions and the World Economy: The Coming Shape of Global Production, Competition, and Political Order[M]. Oxford: Oxford University Press.

Shearmur R, Alvergne C. 2002. Intrametropolitan patterns of high-order business service location: A comparative study of seventeen sectors in Le-de-France [J]. Urban Studies, 39(7): 1143-1163.

Sheppard E, Barnes T J. 2003. A Companion to Economic Geography[M]. [S. l.]:Blackwell Publishing Ltd..

Smith-Doerr L, Powell W. 2005. Networks and economic life[M]// Smelser N, Swedberg R. The Handbook of Economic Sociology. 2nd ed. Princeton: Russell Sage Foundation: 368-402.

Soja E W. 1989. Post Modern Geographies—The Reassertion of Space in Critical Social Theory [Z]. Verso.

Soja E W. 2000. Postmetropolis: Critical Studies of Cities and Regions[M]. Malden:Wiley Blackwell.

Soja E W. 1985. The spatiality of social life: Towards a transformative retheorisation[M]//Gregory D, Urry J. Social Relations and Spatial Structures. London:Palgrave Macmillan.

Storper M, Walker R. 1984. The spatial division of labor: Labor and the location of industries [M]//Sawers L,Tabb W S. Urban Development and Regional Restructuring. Oxford:Oxford University Press.

Taylor P J. 1999. So-Called World Cities: The Evidential Structure with in a Literature[Z].

Taylor P J. 2004. World City Network: A Global Urban Analysis[M]. New York: Routledge.

Taylor P J. 2007. Cities, World Cities,Networks and Globalization[Z]. GaWC Research Bulletins No. 238.

Tether B S, Hipp C, Miles I. 2001. Standardisation and particularisation in services:Evidence from Germany[J]. Research Policy,30(7):1115-1138.

Urry J. 1985. Social relations, space and time[M]//Gregory D, Urry J. Social Relations and Spatial Structures. London: Palgrave Macmillan.

Viney C. 2003. Financial Institutions Instruments & Markets[M]. New York:McGraw-Hill Education.

Weber A. 1929. Theory of the Location of Industries[M]. Chicago:The University of Chicago Press.

图片来源

图 1-1 源自：让・盖雷，法伊兹・加卢. 2012. 服务业的生产率、创新与知识：新经济与社会经济方法[M]. 李辉，王朝阳，姜爱华，译. 上海：格致出版社.

图 2-1 源自：彼得・迪肯. 2007. 全球性转变：重塑 21 世纪的全球经济地图[M]. 刘卫东，等，译. 北京：商务印书馆.

图 2-2 源自：笔者绘制.

图 2-3 源自：笔者在薛白. 2008. 基于要素配置的工业化阶段划分理论研究[D]：[硕士学位论文]. 广州：暨南大学基础上绘制.

图 2-4 源自：谢富胜. 2005. 分工、技术与生产组织变迁：资本主义生产组织演变的马克思主义经济学阐释[M]. 北京：经济科学出版社.

图 2-5 源自：刘延平. 2012. 现代企业组织理论与实践[M]. 北京：北京交通大学出版社.

图 2-6 源自：笔者在宁越敏，石崧. 2011. 从劳动空间分工到大都市区空间组织[M]. 北京：科学出版社基础上绘制.

图 2-7 至图 2-10 源自：笔者绘制.

图 2-11 至图 2-13 源自：笔者基于空间距离衰减效应的断裂点理论，空间经济学的"冰山成本"建模方法、隐含知识理论等绘制.

图 2-14 源自：笔者绘制.

图 3-1 源自：笔者绘制.

图 3-2 源自：笔者根据克里斯托弗・瓦伊尼. 2008・金融机构、金融工具和金融市场[M]. 陈未，曾刚，卢爽，译. 北京：中国人民大学出版社；肖沂. 2008. 金融市场与金融机构[M]. 天津：南开大学出版社整理绘制.

图 3-3、图 3-4 源自：笔者绘制.

图 3-5 源自：王松奇 2013. 中国商业银行竞争力报告（2011—2012）[M]. 北京：社会科学文献出版社.

图 3-6 源自：笔者绘制.

图 3-7 源自：卡尔・沃伦，詹姆斯・里夫，菲利普・费斯. 2008. 会计学[M]. 杜兴强，郭剑花，雷宇，译. 21 版. 北京：中国人民大学出版社.

图 3-8 至图 3-10 源自：笔者绘制.

图 3-11 源自：廉军伟，曾刚. 2006. 嵌入全球价值链的上海物流业发展[J]. 工业技术经济，25(11)：37-42.

图 3-12 源自：魏江，胡胜蓉. 2007. 知识密集型服务业创新范式[M]. 北京：科学出版社.

图 3-13 源自：笔者根据彼得・迪肯. 2007. 全球性转变：重塑 21 世纪的全球经济地图[M]. 刘卫东，等，译. 北京：商务印书馆绘制.

图 3-14 源自：笔者绘制.

图 4-1 至图 4-3 源自：上海市城市规划设计研究院.

图 4-4、图 4-5 源自：笔者根据《上海统计年鉴(2012)》绘制.

图 4-6 源自：笔者根据上海市第二次经济普查数据绘制.

图 4-7 源自:伍瑞凡. 2003. 金融学[M]. 北京:科学出版社.

图 4-8 至图 4-21 源自:笔者绘制.

图 4-22 源自:陈建军. 2009. 要素流动、产业转移和区域经济一体化[M]. 杭州:浙江大学出版社.

图 4-23、图 4-24 源自:笔者绘制.

图 5-1 源自:骆悰. 2008. 上海市现代服务业规划研究[R]. 上海:上海市城市规划设计研究院.

图 5-2 至图 5-5 源自:上海市城市规划设计研究院.

图 5-6 至图 5-8 源自:佚名. 2011. 伦敦空间发展战略[EB/OL]. (2011-11-02). http://www.london.gov.uk/thelondonplan.

表格来源

表 1-1、表 1-2 源自：笔者绘制.

表 2-1 源自：原毅军. 2009. 软件服务外包与软件企业成长[M]. 北京：科学出版社.

表 2-2 源自：笔者根据马莉莉. 2011. 香港之路：产品内分工视角下的世界城市发展[M]. 北京：人民出版社整理绘制.

表 2-3 源自：多琳·马西. 2010. 劳动的空间分工：社会结构与生产地理学[M]. 梁光严，译. 北京：北京师范大学出版社.

表 2-4 源自：笔者根据 Battern D F. 1995. Network cities: Creative urban agglomerations for the 21st century[J]. Urban Studies, 32(2): 313-327 整理绘制.

表 2-5 源自：笔者根据马莉莉. 2011. 香港之路：产品内分工视角下的世界城市发展[M]. 北京：人民出版社整理绘制.

表 2-6 源自：阿莫德·波尔弗，利夫·埃德文森. 2007. 国家、地区和城市的知识资本[M]. 于鸿君，石杰，校译. 北京：北京大学出版社.

表 3-1 源自：花桥金融外包研究中心. 2009. 中国金融业服务外包报告[M]. 北京：中信出版社.

表 3-2 源自：笔者绘制.

表 3-3 源自：卡尔·沃伦，詹姆斯·里夫，菲利普·费斯. 2008. 会计学[M]. 杜兴强，郭剑花，雷宇，译. 21 版. 北京：中国人民大学出版社.

表 3-4 源自：史建三，朱国泓，朱国华. 2010. 上海律师业发展战略研究：以契合中国的上海发展战略为主要视角[M]. 上海：法律出版社.

表 3-5 至表 3-9 源自：笔者绘制.

表 4-1 源自：周振华，熊月之，张广生，等. 2010. 上海：城市嬗变及展望(上卷)：工商城市的上海(1949—1978) [M]. 上海：格致出版社；周振华，熊月之，张广生，等. 2010. 上海：城市嬗变及展望(中卷)：中心城市的上海(1979—2009)[M]. 上海：格致出版社.

表 4-2、表 4-3 源自：笔者绘制.

表 4-4 源自：袁恩桢，孙海鸣. 2008. 上海 30 年：改革开放与经济发展[M]. 上海：上海财经大学出版社.

表 4-5 源自：笔者根据上海市第二次经济普查数据整理绘制.

表 4-6 至表 4-9 源自：笔者绘制.

表 4-10 源自：《上海金融年鉴》编辑部. 2009. 上海金融年鉴(2009)[M]. 上海：上海人民出版社.

表 4-11、表 4-12 源自：笔者根据《上海金融年鉴(2009)》整理绘制.

表 4-13 源自：笔者根据《上海金融年鉴(2001)》《上海金融年鉴(2009)》整理绘制.

表 4-14 源自：笔者绘制.

表 4-15、表 4-16 源自：笔者根据上海市第二次经济普查数据整理绘制.

表 4-17 至表 4-19 源自：笔者绘制.

表 4-20 源自：笔者根据上海市第二次经济普查数据整理绘制.

表 4-21、表 4-22 源自：笔者绘制.

表 4-23 源自：笔者根据上海市第二次经济普查数据整理绘制.

表 4-24、表 4-25 源自:笔者绘制.

表 4-26 源自:上海市商务委员会. 2010. 2010 上海总部经济及商务布局发展报告[M]. 上海:上海科学技术文献出版社.

表 4-27 源自:笔者绘制.

表 4-28 源自:笔者根据上海市第二次经济普查数据整理绘制.

表 5-1 源自:笔者根据上海市城市规划设计研究院网站资料整理绘制.

表 5-2 源自:佚名. 2011. 伦敦空间发展战略[EB/OL]. (2011-11-02). http://www.london.gov.uk/thelondonplan.